"新视界"职业教育
旅游文化系列教程

总主编◎
总主审◎

U0676918

Catering Service

餐饮服务(实操手册)

(第2版)

主　编　梁金蓉
副主编　李长玲　李淑梅　杨鸿斌
参　编　邓　叶　刘　瑞　崔　璨　林洋洋
　　　　于　莉　叶丹茗　向东蓉　周再玉
　　　　吴　沁　高　强　方　澜　王丽茗

重庆大学出版社

内容提要

本书内容以"礼仪篇""技能篇""设计篇""成长篇"引领餐饮服务人员仪容仪表常规礼仪、餐饮服务基本技能、宴会主题设计、宴会摆台综合实训四个训练项目。每个项目下设置了3~6个实操任务（共15个任务），每个任务单独列为一项技能的训练单元。每个任务由任务导入、任务探究、任务要求、建议课时、任务准备、任务实施、任务拓展、企业建议、注意事项、知识强化、评价反馈11个学习和训练模块组成。每个项目设有"项目小结""知识链接（双语）""好书推荐"3个内容。全书将精简明确的理论认知、高效务实的技能训练、鲜明的课程思政、真实的产教融合于一体，给予学生完整、优质、新颖、高效的整体化实操训练指导。

图书在版编目（CIP）数据

餐饮服务：实操手册 / 梁金蓉主编. -- 2版.
重庆：重庆大学出版社, 2025. 7. --（"新视界"职业
教育旅游文化系列教程). -- ISBN 978-7-5689-5296-5

Ⅰ. F719.3

中国国家版本馆CIP数据核字第2025R26P19号

餐饮服务（实操手册）（第2版）

主　编　梁金蓉

责任编辑：安　娜　　版式设计：叶抒扬
责任校对：谢　芳　　责任印制：赵　晟

*

重庆大学出版社出版发行

社址：重庆市沙坪坝区大学城西路21号

邮编：401331

电话：（023）88617190　88617185（中小学）

传真：（023）88617186　88617166

网址：http://www.cqup.com.cn

邮箱：fxk@cqup.com.cn（营销中心）

全国新华书店经销

重庆市正前方彩色印刷有限公司印刷

*

开本：787mm×1092mm　1/16　印张：9　字数：209千
2022年9月第1版　2025年7月第2版　2025年7月第1次印刷（总第2次印刷）
ISBN 978-7-5689-5296-5　定价：39.00元

总　序

当前，提高教育教学质量已成为我国高等职业教育的核心问题，而教育教学质量的提高与职业院校内部的诸多因素有关，如办学理念、师资水平、课程体系、实践条件、生源质量以及教育质量监控与评价机制等。在这些因素中，不管从教育学理论还是从教育实践来看，课程体系都是一个非常重要的因素，而教材作为课程体系的基础载体，是"三教"改革的重要组成部分，是职业教育改革的基础。

2019年《国家职业教育改革实施方案》的颁布及2020年"中国特色高水平高职学校和专业建设计划"的启动，标志着我国职业教育进入了新一轮的改革与发展阶段，课程建设与教学改革再次成为高职院校建设和发展的核心工作。职业教育教材作为课程建设与教学改革的重要组成部分，不但对学生的培养质量起着关键作用，也决定着学校的核心竞争力和可持续发展能力。

2020年10月，由重庆青年职业技术学院和四川绵阳职业技术学院牵头成立了"成渝地区双城经济圈文化和旅游产教联盟"（以下简称"联盟"），旨在切实提高成渝地区旅游类专业人才培养质量，推动成渝地区文化和旅游产业协同发展，共同为职业教育添彩，为文化旅游赋能。

联盟与重庆大学出版社组织策划和出版的"'新视界'职业教育旅游文化系列教程"（以下简称"系列教程"），以多所职业院校的课程改革成果为基础，具有以下特点：

一、强调校企"双元"合作开发，注重学生职业核心能力培育

系列教程紧跟旅游产业发展趋势和行业人才需求，以典型岗位（群）的职业技能要求为目标，以"掌握基础、深化内容、理实结合、培养能力"为宗旨；关注旅游行业新业态、新模式，实时对接产业发展"新工艺、新技术、新规范"的要求；吸纳旅游行业企业管理者深度参与，实现校企合作，强化学生专业技艺培养。

二、遵循学生职业能力培养的基本规律，增强学生就业竞争力

系列教程紧密结合岗位（群）技能对职业素质的要求，突出针对性和实用性，综合多名职教专家和教师的宝贵意见，在教学设计中有机融入创新精神和自主学习内容，培养学生思辨、实践的能力。

三、坚持以立德树人为根本任务，思政教育贯穿教材编写

系列教程始终注重知识传授与价值引领相结合，将思政教育置于课程教学目标首位，有意、有机、有效地融入思政元素。根据课程特点、教学内容，梳理各自蕴含的思政要点，以文本、视频、实践、心得书写等方式融入教材中，实现专业教育与思政教育同向同行。

四、建立普适性多媒体教学资源，以学生喜闻乐见的形式凸显理论和实践任务

系列教程强化"学习资料"功能，弱化"教学材料"属性。根据每门课程的内容特点，配套数字化教学资源库，提供电子教学课件、教学素材资源、教学网站支持等；注重活页式、工作手册式新型教材的开发，实现教材立体化、多功能作用，为学生即时学习和个性化学习提供支撑。

随着职业教育发展的不断深入，创新型教材建设是一项长期而艰巨的任务。本系列教程的编写，除了相关职业院校教师们辛勤的耕耘奉献，还得到了联盟成员中诸多旅游企业的积极参与和大力支持，在此致以诚挚的谢意！

由于编者水平所限，不足之处在所难免，教程编写委员会殷切期望各位同行和使用者提出宝贵意见，让我们一起为职业教育的蓬勃发展贡献力量。

"'新视界'职业教育旅游文化系列教程"编写委员会
2021年5月

前 言

随着新修订的《中华人民共和国职业教育法》的实施，我国职业教育迎来了前所未有的发展机遇，进入了新时代。新时代职业教育承载着培养更多高素质技术技能人才、能工巧匠、大国工匠的重任，为全面建设社会主义现代化国家、实现中华民族伟大复兴的中国梦提供有力的人才和技能支撑。

中等职业教育是职业教育的起点，促进学生高素质全面发展和多元化立体成长，培养学生良好的职业精神和专业技能是中职教育的核心目标和根本要求。酒店服务是服务我国第三产业人才培养的专业，餐饮服务技能是酒店服务类专业的核心技能，在对标"新工艺、新技术、新规范"的要求下，新时代职业教育需要更高更新的培养目标、内容和方法。

本书是多位中职一线教师多年任教中职餐饮服务（中餐宴会摆台）实操训练心得的提炼集成。本书配合《餐饮服务与管理》理论教材使用，是一门基于工作实际操作过程中，职业基本技能开发的工学交替课程。本书根据专业技能要求由浅入深，循序渐进，注重学生实操技能技巧的养成，在"岗、课、赛、证、考"培养中提高学生餐饮服务的实际应用能力。

本书将精练明确的理论认知、高效务实的技能训练、鲜明的课程思政、真实的产教融合于一体，给予学生完整、优质、新颖、高效的整体化实操训练。全书内容以"礼仪篇""技能篇""设计篇""成长篇"引领餐饮服务人员仪容仪表常规礼仪、餐饮服务基本技能、宴会主题设计、宴会摆台综合实训四个训练项目。每个项目下设3~6个实操任务（共15个任务），每个任务单列为一项技能。每个任务由任务导入、任务探究、任务要求、建议课时、任务准备、任务实施、任务拓展、企业建议、注意事项、知识强化、评价反馈11个学习、训练模块组成。每个项目还设有"项目小结""知识链接（双语）""好书推荐"3个内容。

本书适用专业：高星级饭店运营与管理（简称酒店管理、核心必修）、旅游管理（基础必修）、航空服务（《航空餐饮服务》配套使用）。建议开设时间：第一、二学年（中职），第一学年（高职）。建议课时：35课时。

本书以学生专业技能的成长和人的全面发展为主线，"岗、课、赛、证、考"相互支撑融为一体，以学生为主体，遵循中职学生的身心发展规律和技能成长特点。部分内容采用了"扫码即见"的网络学习方式，体现了中职教师对"三教改革""课堂革命"和"质量攻坚"的不懈追求。本书坚持项目驱动、任务导向，对接企业真实岗位需求，培养学生分析问题、解决问题的能力，在培育学生的职业精神中强化学生专业技艺培养。本书实操重在提升学生职业适应能力，对接企业职业岗位（群）任职需求、升学实操标准要求、中职中餐主题宴会摆台比赛标准、服务技能职业标准和工作过程，培养学生的思辨、实践等能力。本书注重知识能力的增强与价值引领相结合，精心设计了开放式的思政教育，每一篇都设置了课程思政目标，给出了相应的培养建议，找到切合点并融入每一个项目和任务。每一位教师都能利用自己的思政资源让学生在"职业精神""法治意识""人格修养""公共参与"等方面有显著的收获，更好地实现中职教育立德树人、为党育人、为国育才的目标。

本书由梁金蓉任主编，李长玲、李淑梅、杨鸿斌任副主编，邓叶、刘瑞、崔璨、林洋洋、于莉、叶丹茗、向东蓉、周再玉、吴沁、高强、方澜、王丽茗（排名不分先后）共同承担编写任务。

本书在编写过程中，参阅了许多已经出版的中高职餐饮技能与理论读物，参考、借鉴、引用了其中的许多知识、观点、方法等。在此，谨向相关作者表示感谢！

由于编者水平有限，本书难免存在错漏之处，恳请使用本书的广大师生和社会读者提出宝贵的意见和建议，以便修订时完善。

编　者
2024年5月

目　录

设计篇

项目三　宴会主题设计

成长篇

项目四　宴会摆台综合实训

礼仪篇

看两会文化，扬在国人脸上的自信
——两会服务礼仪展示

两会是我国自1959年以来历年召开的"中华人民共和国全国人民代表大会"和"中国人民政治协商会议"的统称。在我国，全国人民代表大会是最高国家权力机关，人民代表大会制度是实现人民当家作主的根本政治制度。人民通过民主选举选出自己的代表，组成人民代表大会，集中行使国家权力。

两会是中国和中国人民政治生活的大事，决定着国家和人民未来政治、经济、社会等发展的政策、方向、策略等，关系着国计民生、千家万户，因此在国内国际都引起广泛的关注，特别是随着我国综合国力不断强大，民族复兴伟业持续推进，中国人民的自信越来越强，两会在国际上的影响日益深远。两会召开期间，全世界"听中国声音、讲中国故事"，为世界贡献中国智慧，共建人类命运共同体的时代强音已越来越密集地传向世界舞台的中央。而新时代中国的"两会礼仪"和"两会礼仪服务"以其独特的文化魅力、活力自信、幸福笑脸早已成为世界上最亮丽的风景线，通过两会中外记者的镜头传遍全世界。

一个人的仪容、仪表和礼仪，不仅是其身体和行为的外在表现，也是其内在修养和气质的综合展示。良好的仪容和礼仪，其端庄、舒展、大方、优雅的体态，无不完美地展现一个人的良好形象和自信，而这都来自实力——个人的实力和国家、民族的实力。

礼仪篇
教学参考

1

项目一 餐饮服务人员仪容仪表、常规礼仪

项目描述

服务人员给宾客留下的第一印象就是仪容仪表，即整体外观。这是礼仪修养的主要标志之一。近年来，餐厅服务规格、服务水平的提高对服务员的礼仪规范也提出了更高的要求。因此，注重餐饮服务人员礼仪规范具有重要的意义，它既是餐厅接待规格、服务水平、饭店服务质量的形象体现，也是尊重顾客的显著标志，还是招待顾客、提高企业经济效益的良好途径。

学练目标

知识目标：

◇ 掌握仪容仪表、"四姿"、迎接访客礼仪规范。

技能目标：

◇ 能够根据教学或工作场景进行规范的仪容仪表、"四姿"、迎接访客的展示及接待工作。通过学习，提高学生的礼仪规范意识和岗位责任意识，增强学生的民族自豪感。

思政目标：

◇ 认识良好仪容、仪表、礼仪、微笑对个人形象和修养的积极影响。

◇ 建立个人形象与国家形象的联系，培育爱国精神。

◇ 讲好中国故事，增强中华民族自信心。

任务1 仪容仪表

任务导入

得体的仪容仪表助你事半功倍

2020年8月15日，张明和李松二人将参加酒店餐饮部经理竞选演讲活动，两人的从业经历与才干不相上下。张明是演讲经验丰富的"餐厅明星"，击败不善言谈的李松是轻而易举的事

情。然而李松最终获胜了。原因何在？其中一个重要的原因是张明没有听从同事们的劝告对自己的形象加以修饰，最终竞选失败。而李松竞选前做了大量的准备工作，展现出了酒店经理的良好形象，最终成功竞选酒店经理一职。

分析：由此可见，仪容仪表对事业发展所起的作用是相当重要的。

任务探究

在人际交往中，每个人的仪容仪表都会引起交往对象的首要关注，并将影响对方对自己的整体评价。在个人的仪容仪表中，仪容是重中之重。

任务要求

1.能按餐饮服务人员基本要求规范自己的仪容仪表，在工作中能给他人留下良好印象。

2.能够根据岗位需求或技能大赛要求进行规范的仪容仪表展示。

建议课时

2课时。

任务准备

1.提前预习相关知识点，分好学习小组，方便课堂学习和练习。

2.准备笔记本、工作服装、鞋袜等实训用品。

任务实施

一、知识呈现

（一）服务人员仪容仪表整体要求（图1-1）

（1）身体整洁：保持身体整洁无异味。

（2）精神饱满：注意饮食卫生，劳逸结合，充满活力和朝气。

（3）适当化妆：女性必须化淡妆，但应适当、不夸张。

（4）头发整洁：经常洗头，发型清爽，做到没有头屑（男性不得留胡须）。

（5）口气清新：保持口腔清洁，无异味。

（6）双手整洁：勤剪指甲，经常洗手，保持手部卫生。

（7）制服整齐：制服常换洗，穿着要整齐，皮鞋要擦亮。

图1-1

（二）服务人员礼貌要求

在外表上，仪容端庄、俊秀，符合职业特点。

在态度上，和蔼可亲、热情好客。

在语言上，谈吐文雅、表达规范。

在行动上，优雅、得体、落落大方。

二、技能训练

仪容仪表现场展示、点评。

（1）每位学员进行1分钟仪容仪表展示。

（2）可以采取单人展示，也可以采取小组学员同时展示，建议最多不超过4人。

仪容仪表
展示

记一记

任务拓展

思考：你认为良好的仪容仪表在职场中重要吗？举例说明体现在哪些方面。

企业建议

1.规范仪容仪表和礼仪上的细节。

2.要时时优雅地展现你的形象。

3.心理暗示：我是企业形象代言人。

注意事项

技能训练注意事项

1.进行技能训练前一定要掌握仪容仪表理论知识要点。

2.进行技能训练前要了解仪容仪表技能训练要求、着装要求、安全操作规程、训练时间、考核要求等注意事项。

3.在训练前仔细观看示范视频，先模拟演练，再自主反复练习，直到完全掌握。

知识强化

根据本节知识完成以下测试题。

1.餐饮服务人员应该保持身体整洁，无异味。（   ）

2.餐饮服务人员的袜子应该是男服务员选择浅色，女服务员选择深色。（   ）

3.餐饮服务人员男士的发型应该后不盖领、侧不盖耳，干净整齐。（   ）

评价反馈

仪容仪表展示评价表

姓名：_____　时间：_____年___月___日

项目	细节要求	满分	小组评价	自我评价
头发 10分	男士：后不盖领、侧不盖耳、干净整齐	10分		
	女士：后不垂肩、前不盖眼、干净整齐	10分		
面部 10分	男士：胡子刮净	10分		
	女士：淡妆	10分		
手及指甲 10分	1.干净	5分		
	2.指甲修剪整齐、不涂指甲油（不超过指腹）	5分		
服装衣裤 25分	1.专业设计，美观大方	10分		
	2.合体（不松不紧）	5分		
	3.干净、无污渍、熨烫平整	5分		
	4.无破损、无卷起、扣子扣好	5分		
鞋袜 15分	1.黑鞋	5分		
	2.男深女浅(袜)	5分		
	3.无破损、不皱	5分		
饰物 10分	1.不戴饰物	5分		
	2.徽章(左胸选手牌)	5分		
形体礼貌 20分	1.形象良好、表情自然	10分		
	2.举止礼貌、无不良习惯及小动作	10分		
合计		100分		

最后得分（小组评分×70% + 自我评价×30%）：

评语：

注：满分为100分，60~69分为及格、70~79分为中等、80~89分为良好、90分及以上为优秀。

裁 切 线

5

任务2 "四姿"规范

任务导入

职场面试的坐姿很重要

某酒店一领班位置空缺,主管看中了活泼外向的小伙子小王,便向酒店人事部经理推荐作为领班考核候选人。经理首先对小王进行领班基本职业素养的考核。在考核中,小王坐在那里一边回答问题,一边不停地变换双腿的姿势,甚至不停地抖腿,眼睛一会儿看这儿一会儿看那儿,小王的表现令领导皱眉,给领导的印象大打折扣。考核完后,小王就被宣布止步于此,无缘下一轮的考核。

分析:小王不停变换双腿的姿势甚至抖腿是不敬畏考试、不尊重面试官的表现。

任务探究

仪态也叫仪姿、姿态,泛指人们身体所呈现出的各种姿态,包括举止动作、神态表情和相对静止的体态。人们的面部表情,体态变化,行、走、站、立,举手投足都可以表达思想感情。仪态是表现个人修养的一面镜子,也是构成一个人外在美好形象的主要因素。不同的仪态显示人们不同的精神状态和文化教养,传递不同的信息,因此仪态又称为体态语。

任务要求

1.掌握站姿的基本规范,不同场合选择正确合适的站姿。

2.掌握标准坐姿和常见坐姿的规范,保持优雅的仪态。

3.掌握走姿的基本规范,呈现自信的走路姿态。

4.掌握蹲姿的基本规范,熟练运用稳而雅的蹲姿。

建议课时

2课时。

任务准备

1.提前预习,分好学习小组,方便课堂学习和练习。

2.准备椅子、签字笔、书等实训用品。

任务实施

一、知识呈现

（一）站姿

站姿是人静态的造型动作，优美、典雅的站姿是展现人的不同动态美的基础和起点。优美的站姿能显示个人的自信，塑造良好的气质和风度，并给他人留下美好的印象。站姿的基本要求是：头正、颈直、肩平、臂垂、收腹、紧臀、腿直（并拢）。

1.站姿要求

以标准站姿站立时应做到（图1-2）：

（1）头部：抬头，头顶上悬，双目平视前方，嘴微闭，表情自然，面带微笑，微收下颌，精神饱满，动作平和自然。

（2）颈部：颈直，感觉向上拉长自己的脖子。

（3）肩部：双肩放松、微向后向下压，人体有向上的感觉。

（4）手臂：双肩平正，双臂自然下垂于身体两侧，虎口向前；手指弯曲呈自然状，中指贴于裤缝。

（5）腹部：向内收，腹部有向后腰贴靠的感觉。

（6）腰部：立腰，后腰有向上提的感觉。

（7）臀部：臀部收紧，髋部两侧略向中间用力，臀大肌微收缩并上提。

（8）腿部：两腿绷直，双膝用力并拢，保持身体正直，脚后跟要靠紧，两脚呈"V"字形，两脚间角度呈15~30度。

（9）身体重心落于脚掌、足弓上。

（10）从侧面看，头部、肩部、上体与下肢应在一条直线上。

图1-2

2.基本站姿

1）男士的基本站姿

（1）男士站姿一（图1-3）。双手自然垂放于身体的两侧，虎口向前，双膝并拢，两腿绷直，脚跟靠紧，脚尖分开呈"V"字形，约30度。

（2）男士站姿二（图1-4）。双脚平行分开，两脚间的距离不超过肩宽，双手在身后交叉，左手搭在右手上，贴于背后。

（3）男士站姿三（图1-5）。双脚呈"V"字形或"丁"字形分开，左手单臂背后，右手来完成相应的动作，如指引方向。

图1-3　　　　　　　　　　图1-4　　　　　　　　　　图1-5

2）女士的基本站姿

（1）女士站姿一（图1-6）。双手自然垂放于身体的两侧，虎口向前，双膝并拢，两腿绷直，脚跟靠紧，脚尖分开呈"V"字形。

（2）女士站姿二（图1-7）。两脚尖略分开，右脚在前，将右脚跟靠在左脚足弓处，两脚尖呈"丁"字形，双手相搭贴于体前。

图1-6　　　　　　　　　　　图1-7

（3）女士站姿三（图1-8）。双脚呈"V"字形或"丁"字形，单手背后，另一只手来完成相应的动作，如指引方向。

图1-8

3.应避免

（1）低头、仰头，头向左或右侧歪斜，左顾右盼；

（2）脖子向前探出，歪着脖子；

（3）高低肩、耸肩；

（4）将手插在口袋里，双手交叉抱在胸前，或是双手叉腰；

（5）小腹向前挺出，腆肚；

（6）塌腰，腰部弯曲，驼背；

（7）翘臀；

（8）将身体的重心明显地移到一侧，只用一条腿支撑着身体；弯曲、抖动、两腿交叉站立；

（9）双脚呈"外八字""内八字"，不自主地抖动，蹬踏；

（10）东倒西歪，无精打采，懒散地倚靠在墙上、桌子上等；

（11）站立时下意识地做小动作，如转笔、玩手机等；

（12）男子双脚左右开立时，两脚之间的距离过大。

以上这些都是失礼或不妥的表现。

（二）坐姿

坐姿文雅、端庄，不仅给人以沉着、稳重、冷静的感觉，而且也是展示自己气质与修养的重要形式，更能体现一个人的内涵。

1.坐姿要求

（1）入座时要轻、稳。走到座位前，缓慢转身后，右脚向后退半步，然后从座位的左侧轻稳坐下（左进）。穿裙子的女士落座时要将裙子后片用手向前拢一下，并把右脚与左脚并齐。轻轻地坐下是一种教养，避免碰响椅子，发出嘈杂的声响。

（2）头正、嘴角微闭，下颌微收，双目平视，面容平和自然。

（3）入座后上体自然挺直，挺胸，双膝自然并拢，双脚自然弯曲，双肩平整放松，双臂自然弯曲，双手自然放在双腿上或椅子、沙发的扶手上，掌心向下。

（4）坐在椅子上，应坐椅子的2/3（或1/2）（图1-9）。

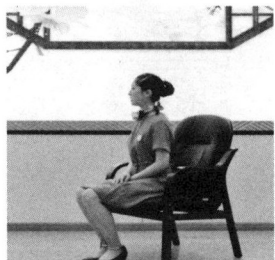

图1-9

（5）离座时，要自然稳当，右脚向后收半步，然后起立，起身要轻缓，上身保持挺直，不要翘臀，上身向前离开座位。

（6）如果条件允许，就座时讲究"左进左出"。

（7）入座顺序应为：地位高者先入座；长者先入座；年龄相近、职位相近、朋友、同事、同学等，可同时入座。

2.基本坐姿

1）男士的基本坐姿

（1）标准式（图1-10）。双腿自然弯曲，小腿垂直于地面，双膝左右分开约10厘米，两脚自然分开45度，双手分别放在两膝上。

（2）曲直式（图1-11）。一侧小腿前伸，另一侧小腿屈回，幅度均不要超过10厘米。

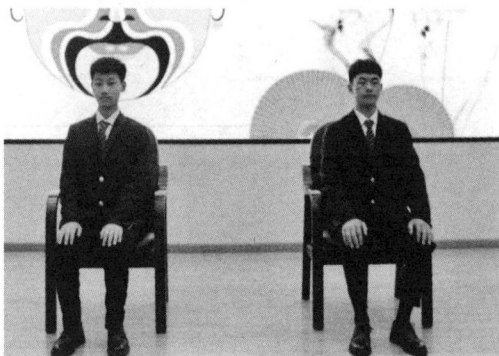

图1-10

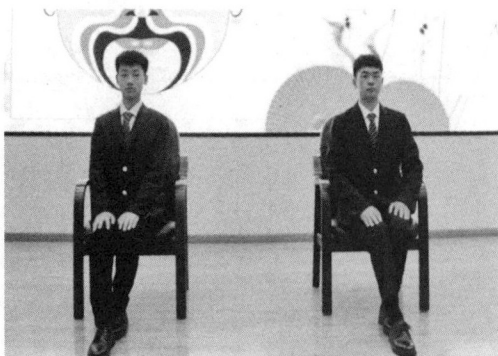

图1-11

（3）前交叉式（图1-12）。在标准式的基础上，小腿前伸一脚的长度，两脚外侧脚踝相互交叉叠放，膝盖不要分开过大，脚尖不要翘起。

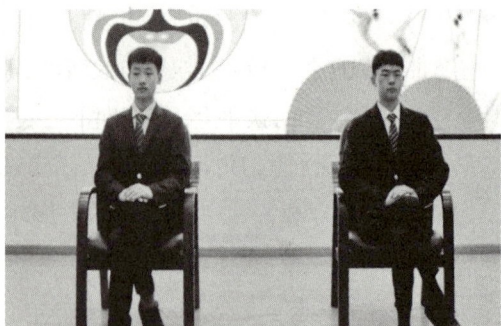

图1-12　　　　　　　　　　　　　　图1-13

（4）重叠式（图1-13）。一侧小腿垂直于地面，另一侧小腿在上重叠，在上方的小腿向里收，脚尖向下。

2）女士的基本坐姿

（1）标准式（图1-14）。双手叠放在大腿中部并靠近小腹，双膝并拢，小腿垂直于地面，两脚跟相靠。

（2）曲直式（图1-15）。一侧小腿略向前伸，另一侧小腿屈回半步，前脚掌着地，两脚内侧前后在一条直线上。同时大腿靠紧。

（3）侧点式（图1-16）。两小腿向一侧斜出，双膝并拢，以向左斜出为例，此时左侧脚跟靠拢右侧弓，右脚掌着地，左脚尖着地。

（4）重叠式（图1-17）。在标准式坐姿的基础上，一条腿提起，两膝相叠，使腿窝落在另一条腿的膝关节上，两条腿的小腿外侧相靠，上面的腿脚尖向下。

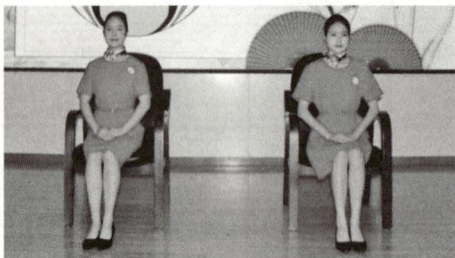

图1-14　　　　　　　　　　　　　　图1-15

图1-16　　　　　　　　　　　　　　图1-17

（5）其他：前交叉式（图1-18）、后点式（图1-19）、侧挂式（图1-20）等。

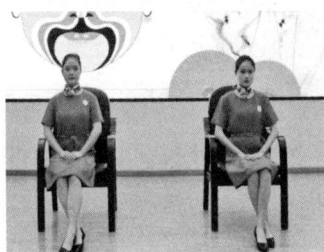 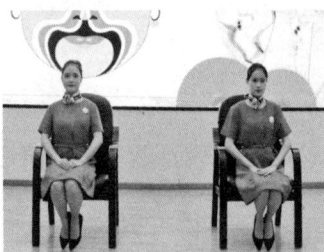 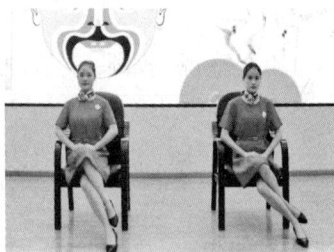

图1-18　　　　　　　　　　图1-19　　　　　　　　　　图1-20

3.应避免

（1）双腿过于叉开，或长长地伸出；

（2）坐下后随意挪动椅子；

（3）将大腿并拢，小腿分开，或双手放于臀部下面；

（4）高架"二郎腿"或"4"字形腿；

（5）腿、脚总是抖动不停；

（6）猛坐猛起；

（7）与人谈话时用手支着下巴；

（8）坐沙发时太靠里面，使身体"陷"在沙发里，或上身呈后仰状态，或瘫坐在椅子上；

（9）双手放在两腿中间；

（10）用架在上面的腿的脚尖指向他人；

（11）脚跟落地而脚尖离地；

（12）坐在椅子上时双手撑着椅面；

（13）坐着时，将脚踩在椅子或沙发扶手上，或踩在茶几上；

（14）坐时前倾后仰，或歪歪扭扭。

记一记

（三）走姿

走姿是人体所呈现出的一种动态，是站姿的延续。走姿是展现人的动态美的重要形式。走路是"有目共睹"的肢体语言（图1-21）。

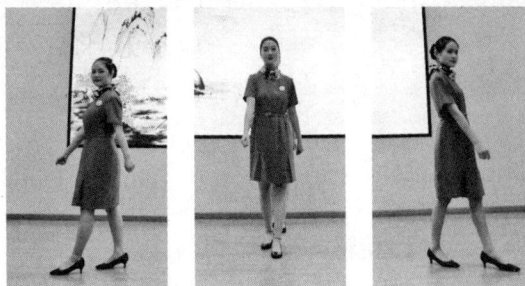

图1-21

1.走姿要求

1）头正

双目平视，收颌，表情自然。

2）肩平

双肩平稳，以肩关节为轴，双臂前后自然摆动，两手自然弯曲，摆幅以30~35度为宜。

3）躯挺

上身挺直，立腰收腹，身体重心稍前倾。

4）步位直

脚尖略开，脚跟先接触地面，依靠后腿将身体重心送到前脚掌，使身体前移。两脚的内侧落地时，两脚落地后的轨迹要在一条直线上。

5）步幅适度

一般应是前脚的脚跟与后脚的脚尖相距为脚长，但因性别不同和身高不同会有一定的差异，由于着装不同，步幅也会有所不同。

6）步频

平稳行进中的频率应保持均匀、平衡，步频每分钟为80~100步。

2.变向时的规范行走

1）后退步

应做到：告别时，先向后退两三步，再转身离去。退步时，脚要轻擦地面，不可高抬小腿，后退的步幅要小。转体时要先转身体，头稍后再转。

应避免：向他人告辞时，扭头就走，这是失礼的表现。

图1-22

2）侧身步

应做到：当走在前面引导来宾时，应尽量走在宾客的左前方。髋部朝向前行的方向，上身稍向右转体，左肩稍前，右肩稍后，侧身向着来宾，与来宾保持两三步的距离。当走在较窄的路面或楼道中与人相遇时，也要采用侧身步，两肩一前一后，并将胸部转向他人（图1-22）。

应避免：将后背正对他人或转向他人，这是失礼的表现。

3.应避免

（1）方向不定，忽左忽右；

（2）体位失当，摇头、晃肩、扭臀；

（3）扭来扭去，双脚位呈"外八字"步或"内八字"步；

（4）左顾右盼，重心后置或前移；

（5）与多人走路时，或勾肩搭背，或奔跑蹦跳，或大声喊叫等；

（6）双手反背于身后；

（7）双手插入裤袋；

（8）步速忽快忽慢。

以上这些都是失礼或不妥的表现。

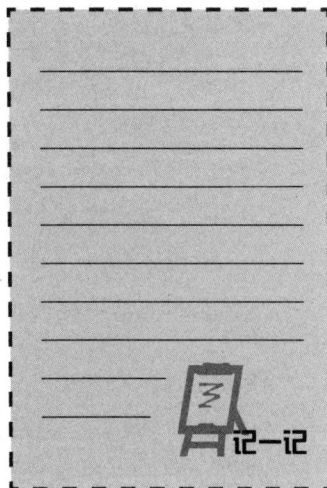

（四）蹲姿

1.蹲姿要求

（1）蹲下的时候要保持上身挺拔，抬头挺胸，神情自然。

（2）两脚合力支撑身体，掌握好身体的重心。

（3）蹲下时应用一只手轻按住领口部位。女士如穿着裙装，蹲下时应用手向前收拢裙摆。

（4）在他人身边下蹲时，要侧身对着对方。

2.基本蹲姿

1）高低式蹲姿（图1-23）

下蹲时，左脚在前，右脚稍后，两脚平行，两腿靠紧向下蹲。左脚全脚着地，小腿垂直于地面，右脚脚跟提起，前脚掌着地。右膝低于左膝，右膝内侧贴靠于左小腿的内侧，形成左膝高、右膝低的姿势，反之亦可。臀部向下，以右腿支撑身体。

2）交叉式蹲姿（图1-24）

下蹲时，左脚在前，右脚在后，左脚全脚着地。左腿在上，右腿在下，两腿交叉重叠。右膝由后下方伸向左侧，右脚前脚跟抬起，右脚前脚掌着地。反之亦可。双腿前后靠紧，合理支撑身体，上身稍微前倾一些，臀部向下。

图1-23 　　　　　　　　　　　　　　　　　　　图1-24

3.应避免

（1）突然蹲下，尤其是走姿变化成蹲姿的时候，速度过快；

（2）在下蹲的时候，离人过近，造成撞挤对方或妨碍他人；

（3）在他人身边下蹲时，正面面向他人或背对着他人；

（4）穿着裙装的女士下蹲时毫无掩饰；

（5）蹲着休息。

以上这些都是失礼或不妥的表现。

"四姿"
展示示范

二、技能训练

分组练习"四姿"礼仪，进行小组展示。

1.每位学员进行"四姿"展示。

2.可以采取单人展示，也可以采取小组学员同时展示，建议最多不超过4人。

任务拓展

思考：你认为良好的形体姿态在职场中重要吗？为什么？

企业建议

1.熟练掌握"四姿"礼仪，能自然展示你的良好形象。

2.在生活中练好"四姿"有助于在工作中更自然得体。

注意事项

"四姿"技能训练注意事项
1.进行技能训练前一定要掌握"四姿"理论知识要点。
2.进行技能训练前先要了解"四姿"技能训练要求、着装要求、安全操作规程、训练时间、考核要求等注意事项。
3.在训练前仔细观看示范视频，先模拟演练，再自主反复练习，直到完全掌握。

知识强化

根据本节知识完成以下测试题。

1.男士双脚左右开立时，两脚之间的距离为（   ）。

2.入座时，坐满椅面的全部。（   ）

3.行走时双肩平稳，以肘关节为轴，双臂前后自然摆动，两手自然弯曲，摆幅以不超过30厘米为宜。（   ）

评价反馈

"四姿"规范展示评价表

姓名：_____　时间：_____年___月___日

项目	细节要求	满分	小组评价	自我评价
走姿 30分	步位：（女）两脚在一条直线上走，脚尖正对前方；（男）两脚平行前行	5分		
	步幅：标准为一脚或一脚半。（男）步幅略大；（女）步幅略小	5分		
	步频：步频均匀，平衡。重心准，前进稳	5分		
	步高：步高合适	5分		
	摆臂：双肩平衡，以肩关节为轴，大臂带动小臂，手掌向着体内，前后自然摆动，摆幅为30度左右	5分		
	总体评价：自然优美，风度潇洒，富有节奏感。（女）轻盈、优雅；（男）稳健、有力	5分		
站姿 20分	站立体态：头正，颈直，沉肩，挺胸，拔背，立腰，收腹，提臀，并腿；线条优美，精神焕发	5分		
	手位：站姿测试手位一律采用侧放式手位	5分		
	脚位：站姿测试脚位一律采用小八字脚位	5分		
	总体评价：（女）要求优美，庄重大方，体现柔和轻盈；（男）要求稳健，刚毅洒脱，体现阳刚之美	5分		
坐姿 25分	入座、离座："左入左出"、动作轻缓，自然，不拖泥带水，不弄响座椅	5分		
	腿脚摆放：（女）可采用正位坐姿、斜放式坐姿、前后式坐姿等；（男）一律采用正位坐姿	5分		
	上身姿势：头正，双肩水平，躯干直立，坐椅子1/2或2/3	5分		
	手势摆放：将手放在两条大腿上，可双手平放，也可双手重叠或相握后放在大腿上	5分		
	总体评价：（女）动作轻盈，优雅；（男）端庄，稳重	5分		
蹲姿 25分	下蹲要领：左脚在前，右脚撤后，左脚完全着地；亦可反	5分		
	身体姿态：控制身体状态，不左右摇摆	5分		
	下蹲过程：下蹲、起身动作流畅	5分		
	采用蹲姿：女性靠紧双腿，男性可适度分开。可采用高低式、交叉式等	5分		
	总体评价：起立动作要流畅、轻柔、文雅，姿态优美。不做突然下蹲、起立之式	5分		
合计		100分		

最后得分（小组评分×70% + 自我评价×30%）：

评语：

注：满分为100分，60~69分为及格、70~79分为中等、80~89分为良好、90分及以上为优秀。

任务3　迎接访客

任务导入

职场新人小王蜕变计

实习生小王到一家单位实习,被引去见主管。主管热情地上前与她握手,小王很紧张,手心出汗,不敢去看主管,急忙伸出手握了下主管的手就松开了,面对主管的问候,更是紧张得接不上话。走出主管办公室后,小王情绪很低落,生气自己怎么连一个简单的握手都不能很好地完成。她暗下决心一定要练好握手动作。

进入职场后的小王,渐渐增加了与客人接触的机会。一次单位组织重要活动,小王负责接待工作。她身着职业装,化了淡妆,提前来到活动场地,恭候客人的到来。"欢迎光临!""您好,张总!""李总,这边请。"问候、鞠躬、指引、介绍……小王表现得自信、得体,得到了客人和同事的好评。小王从刚踏入工作岗位的生涩、胆小,到后来的自信、得体,完成了美好的蜕变,得到了大家的肯定。

分析:职场无难事,只要肯登攀。心有目标、善于学习,勇于实践,就一定能实现职场中的完美蜕变。

任务探究

每个人都应成为最好的自己。规范的举止礼仪在任何时候都不能被忽略,它是自我修养的直接体现,是一种无声语言,能将有声语言不能表达的情感更好地表达出来,甚至更生动、贴切。

迎接访客工作如果做得严谨、热情、周到、细致,既体现出对客人的尊重,又可增强双方合作的信心,促进双方关系的发展。日常迎接访客工作中,接待礼仪主要包括迎接、微笑、鞠躬、握手、介绍、递接名片、奉茶、送客等内容。

任务要求

1.能根据接待访客的工作要求和礼仪规范正确接待访客。

2.掌握微笑、鞠躬、握手、介绍、递接名片、奉茶、安排座次、送客等的礼仪规范。

建议课时

4课时。

任务准备

1.根据学习目标、任务要求完成重难点知识的预习。

2.准备笔、名片、茶杯、桌椅等实训用品。

任务实施

一、知识呈现

1.访客接待礼仪

餐饮接待工作不是全局，却关乎全局。面对新趋势、新变化，接待任务要做到张弛有度，就要善用全新的思维来智慧接待，善谋全局。

1）用礼仪接待，和谐共振

在餐饮服务接待礼仪工作中，要遵守"热情有度、周到细致、内外有别、节俭务实"等礼仪规范，接待人员应讲究规范性、注重差异性、探求适度性。

2）用细心接待，成就完美

接待任务的圆满完成是由一件件小事有序运转、无缝衔接实现的，即便是再小的瑕疵也是永远无法"回炉"的。所以，实现和谐接待必须认真细心。

①强调"细节"意识。细节反映精神面貌，体现服务水平、检验工作作风。在重大的接待工作中，接待人员要"眼观六路、耳听八方"，主动进行全程模拟思考，从准备会议室到用车、从参观到用餐，对每个细节都要细致地思索一遍，以便及时弥补可能存在的疏漏。

②未雨绸缪做预案。召开相关部门负责人协调会，全面细致地安排工作任务；召集相关部门具体负责人员开落实会，对接每个环节，确保无缝衔接、有序运转。

③构建接待网络系统。接待工作需要多个部门密切配合、协调一致才能顺利完成。一旦有突发任务或临时变动，要依靠渠道畅通的接待网络把指令和信息及时传递下去，快速反应，做到不误事、不误时，从容应对，万无一失。

④优化流程与规范运作。接待方案确定以后，要严格按照方案进行程序化运作，确保接待工作中的各个环节有序进行，首尾相连。对接待工作中的每一道程序都要事先进行规范，这样才能确保整个接待工作有序开展。

3）用规范接待，事半功倍

接待访客的过程不是单纯的服务过程，而是人与人之间产生情感、沟通交流的过程。接待强调程序规范、负责到位、以人为本、得体表达。接待访客的一般程序与方法可参考下表：

接待访客的一般程序与方法

接待程序	使用语言	处理方法
客人来访时	"您好！" "早上好！" "欢迎光临！"	马上起立，目视对方，面带微笑，握手或行鞠躬礼。
询问客人姓名	"请问您是？" "请问您贵姓？" "找哪位？"	必须确认来访者的姓名，如接收客人的名片，应重复"您是××公司×先生"。
事由处理	客人找的人在场时，对客人说"请稍候。" 客人找的人不在时："对不起，他刚刚外出，请问您是否需要留言？"	尽快联系客人要寻找的人，如客人要找的人不在时，询问客人是否需要留言或转达，并做好记录。
引路	"请您到会议室稍候，×先生马上就来。" "这边请。"	在客人的左前方2~3步前引路，让客人走在路的中央。
送茶水	"请！" "请慢用！"	保持茶具清洁，摆放时要轻，行礼后退出。 奉茶顺序：先客后主，先女后男，先长后幼。 奉茶禁忌：不能用一只手奉茶，尤其不能用左手；切勿让手指碰到杯口；续水要把握时机，以不妨碍宾客交谈为佳。
送客	"欢迎下次再来！" "再见！" "再会！" "非常感谢！"	表达出对客人的尊敬和感激之情。道别时，招手或行鞠躬礼。

2.鞠躬礼仪

鞠躬，意思是弯身行礼，是表示对他人敬重的一种礼节（图1-25）。

图1-25

1）鞠躬礼礼仪规范

鞠躬礼一般是下级对上级或同级之间、学生向老师、晚辈向长辈、服务人员向宾客表达敬意的礼节。

①行鞠躬礼时面对客人，立正站好，并拢双脚，视线由对方脸上落至自己的脚前1.5米处（15度礼）或脚前1米处（30度礼）或脚前0.4米处（60度礼）。男性双手放在身体两

侧，女性双手合起放在身体前面。

②以腰部为轴，整个肩部向前倾15度以上（一般是60度，具体视行礼者对受礼者的尊敬程度而定），同时问候"您好""早上好""欢迎光临"，等等。

③朋友初次见面、宾主之间、下级对上级及晚辈对长辈等，都可以鞠躬行礼表达对对方的尊敬。

2）应避免

鞠躬时如果戴着帽子，应将帽子摘下，因为戴帽子鞠躬既不礼貌，也容易滑落，使自己处于尴尬境地。鞠躬时目光应向下看，表示一种谦恭的态度，不要一面鞠躬，一面试图翻起眼睛看对方。

3.微笑礼仪

微笑（图1-26），是日常生活和交际场合中经常使用的一种人体语言。微笑是对工作意义的正确认识，是乐业敬业的表现。

图1-26

1）应做到

微笑时嘴角两端略向上提起。微笑应发自内心，同时心情应是平和而真诚的。

2）应避免

为了笑而笑，皮笑肉不笑。这些都是失礼或不妥的表现。

我们应在训练中将良好的目光同甜美的微笑融为一体，使表情和谐、富于魅力，使交际形象更具气质和风度。

4.访客座次安排礼仪

1）宴会座次安排（图1-27）

排序原则：以远为上，面门为上，以右为上，以中为上；景为上，靠墙为上。

座次分布：面门居中位置为主位；主宾左右分两侧而坐；或主宾双方交错而坐；越近首席，位次越高；同等距离，右高左低。

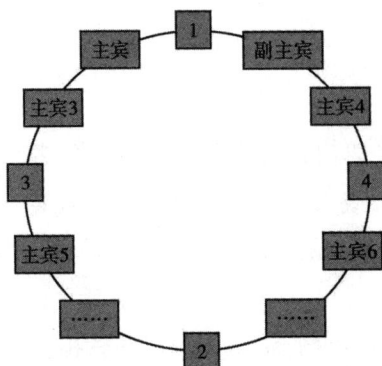

图1-27

2）会议座次

首先是前高后低，其次是中央高于两侧，最后是左高右低（中国惯例）和右高左低（国际惯例）。

主席台座次说明：中国惯例，以左为尊，即左为上，右为下（图1-28）。

当领导人人数为奇数时，1号首长居中，2号首长排在1号首长左边，3号首长排在右边，其他首长依次排列。

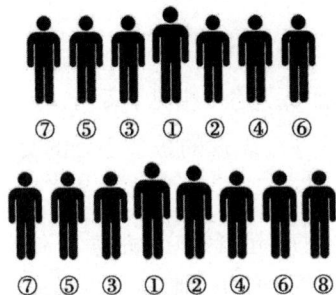

图1-28

如7位领导人，从台下（面对面）的角度看，是7，5，3，1，2，4，6的顺序；从台上（面向同一方向）的角度看，是6，4，2，1，3，5，7的顺序。

当领导人人数为偶数时，应该是：1号首长、2号首长同时居中，2号首长排在1号首长左边，3号首长排右边，其他依次排列。从台下的角度看，是7，5，3，1，2，4，6，8的顺序；从主席台上的角度看，是8，6，4，2，1，3，5，7的顺序。

5.访客介绍礼仪

介绍是指从中沟通、使双方建立关系的意思。介绍是社交场合中相互了解的基本方法之一。通过介绍，可以缩短人们之间的距离，以便更好地交谈、更多地沟通和更深入地了解。

1）时间

①何时进行。一般认为，介绍的最佳时机应是双方见面的第一瞬间。

②介绍时间以30秒至1分钟为宜。

2）态度

在介绍时，态度一定要亲切、自然、友好、自信。介绍者应当表情自然，眼睛看着对方或大家，要善于用眼神、微笑和自然亲切的面部表情来表达友谊之情。

3）内容

在介绍时，被介绍者的姓名的全称、供职的单位、担负的具体工作，构成介绍内容的三大要素。

4）介绍顺序

①将男士先介绍给女士。

②将年轻者先介绍给年长者。

③将地位低者先介绍给地位高者。

④将未婚人士先介绍给已婚人士。

⑤将客人先介绍给主人。

⑥将后到者先介绍给先到者。

6.握手礼仪

握手，是世界上最常见的见面礼，是在相见、离别、恭贺或致谢时相互表示情谊、致意的一种礼节。一个简单的握手行为，表现的是掌心处的交流，反映的是对对方的尊重。

1）握手方式

如握手之前处于坐姿，握手时应起身站立，距握手对象1米左右，呈立正姿势，上身略向前倾，伸出右手，四指并拢，拇指张开，掌心垂直地面，虎口相握，稍稍用力，上下抖动约三下。握手时，神态要专注、热情、友好、自然，目视对方，面带微笑，同时向对方问候（图1-29）。

图1-29

2）握手力度

握手时，为了表示热情友好，应稍稍用力，以不握痛对方的手为限度。男子与女子握手时不能握得太紧，西方人往往只握女性的手指部分，但老朋友可以例外。

3）握手时间

握手时间的长短可根据握手双方亲密程度灵活掌握。初次见面者，一般应控制在3秒钟以内，切忌握住异性的手久不松开。时间过短，则会被视为傲慢冷淡，敷衍了事。

4）握手顺序

遵循尊者有决定权的原则，即握手的主动权在尊者手上。

①男女之间，女方先伸手。

②宾主之间，主人先伸手。

③长幼之间，年长的先伸手。

④上下级之间，上级先伸手。

⑤多人同时握手时，切忌交叉，要等别人握完再伸手。

5）应避免

①不能拒绝。

②不能伸出左手与人相握。

③不能戴手套、帽子与人握手，女士如戴薄纱手套可以例外。

④握手时不能东张西望或心不在焉。

7.名片礼仪

名片是初次见面时的一种介绍卡，是一个人身份、地位的象征，是一个人尊严、价值的彰显方式，也是使用者渴望社会认同、获得社会理解与尊重的一种方式。在人际交往中，名片不但能推销自己，还能很快地帮助你与对方熟悉起来。因此，不但要珍惜名片，而且要懂得怎样去使用它。

1）备存名片

备足名片，放好名片。交往活动中，应准备足够数量的名片，并保持名片清洁、平整。名片不能与杂物混在一起，若穿西装，宜将名片夹置于左上方口袋（图1-30）。若有手提包，可放于包内触手可及的部位。不要把名片放在皮夹、工作证内，甚至放于裤袋内，这些都是很失礼的行为。

图1-30   图1-31

2）交换顺序

遵循"尊者有优先知情权"的原则，即"客先主后，身份低者先，身份高者后"。如不清楚职务高低和年龄大小时，则可先和自己对面左侧方的人交换名片，然后按顺序进行。与多人交换名片时，应依照职位高低或由近及远的顺序依次进行，切勿跳跃式进行，以免厚此薄彼。

3）递送名片

①起身站立，面带微笑，注视对方。

②双手拿着名片上方，将名片正面正对着对方，放在适当高度，并带点倾斜递给对方（图1-31）。

③说"常联系！"或"多多关照！"，也可以做自我介绍。

4）接受名片

（1）起身迎接

应尽快起身或欠身，微笑注视，双手收取。

（2）表示谢意

收到他人名片后，视情况说"谢谢！"或"能得到您的名片，十分荣幸！"，等等。

（3）记住去看

双手接到名片后，应认真阅读，适当的时候，可以把对方的头衔重复一下，如有不会读的字应当场请教。这样既表示对对方的重视，又可了解对方的确切身份。

（4）回敬对方

回敬一张自己的名片，如果没有名片或没带名片，应向对方表示歉意，如实说明理由。

（5）存放名片

认真阅读名片后，要善待他人名片，切不可随意摆弄或扔在桌上，切忌用别的物品压住名片或在名片上做谈话笔记，也不要随便塞在口袋里或丢包里，应放在上装的内衣袋或名片夹里，以示尊重，还应加强名片管理，定期进行整理。

8.奉茶礼仪

1）原则

俗话说："茶倒七分满，留下三分情。"茶不要太满，以七分满为宜。

2）加水

一般冬天隔40分钟加水，夏天隔20分钟加水或者视情况随机加水。加水时茶壶一定要放在身后，拿起杯子至身后加水，绝不能把茶壶提至客人头旁边，壶嘴不可对着客人。加水时避免杯盖上的水滴到桌上或文件上。以客人喝水时杯子的倾斜角度判断是否需要加水（图1-32）。

图1-32

3）奉茶注意事项

奉茶时，手捧起茶杯，视情况从客人的正面或斜后方奉上，要面带微笑，并示意"这是您的茶，请慢用！"放下茶杯时要注意茶杯把柄不能对着客人。

9.送客礼仪

送客的礼仪同样也很重要。顾客来时，以礼相迎，客户告辞时，还应当以礼相送，使整个接待善始善终。

（1）客人提出告辞，要作挽留，如果客人要走，则不必再三勉强。

（2）在离开时，要提前给客人结算好各项费用，并帮助搬运所携带的物品。

（3）送客要送到门外，叮嘱客人小心慢走，下楼注意台阶。如是初次来的客人，要告诉返程路线。

（4）客人所乘交通工具启动时，送行者应挥手告别（图1-33）。

图1-33

27

二、技能训练

分组练习接待访客的工作要求和礼仪规范，进行小组展示。

（1）每位同学根据接待访客的工作要求和礼仪规范，进行微笑、鞠躬、握手、介绍、递接名片、奉茶、安排座次、送客等训练。

（2）采取分小组轮换角色展示，并创编情景剧。

任务拓展

思考：如何正确接待访客，让人感觉舒服、专业，赢得客人的认可？

技能训练：分组练习"迎接访客"礼仪，进行小组展示。

1.每位学员进行"迎接访客"礼仪展示。

2.4人一组，小组合作，设计一个接待情境，分角色练习"鞠躬、微笑、递接名片、介绍访客、座次安排、奉茶、迎送访客"等礼仪。

"迎接访客"礼仪展示

企业建议

1.掌握迎接访客的各种礼仪，根据不同情境灵活应变。

2.将"迎接访客"礼仪运用于实际生活中，以养成良好的职业习惯。

注意事项

迎接访客技能训练注意事项

1.在进行技能训练前一定要先学习、掌握"迎接访客"礼仪理论知识要点。

2.在进行技能训练前要先学习、了解"迎接访客"礼仪技能训练要求、着装要求、安全操作规程、训练时间、考核要求等注意事项。

3.在训练前仔细观看示范视频，先模拟演练，再自主反复练习，直到完全掌握。

知识强化

根据本节知识完成以下测试题。

1.行鞠躬礼时以腰部为轴，整个肩部向前倾（　　　）以上，同时问候"您好""早上好""欢迎光临"等等。

2.宴会座次分布中面门居中位置为主位，越近首席，位次越高。（　　　）

3.在握手礼仪中，男女之间，女士先伸手；上下级之间，上级先伸手。（　　　）

✂ 评价反馈

迎接访客评价表

姓名：_____　　时间：_____年___月___日

项目	细节要求	满分	小组评价	自我评价
仪容仪表	仪容仪表端庄大方、符合接待人员要求	10分		
流程	接待流程熟练、规范	10分		
语言	礼貌用语，规范，表达流畅、清晰	10分		
事情处理	事情处理及时、恰当，有反馈	10分		
访客介绍	尊卑有序、谦恭有礼	10分		
递接名片	能正确递接名片	10分		
奉茶	举止大方，奉茶规范	10分		
迎送访客	仪态大方、鞠躬、微笑符合接待要求，迎送环节完整	10分		
综合印象	能大方有礼，规范有序地接待访客	20分		
合计		100分		

最后得分（小组评分×70% + 自我评价×30%）：

评语：

注：满分为100分，60~69分为及格、70~79分为中等、80~89分为良好、90分及以上为优秀。

项目小结

本项目通过对"仪容仪表、'四姿'规范、迎接访客"等礼仪规范的学习让学生能够根据教学或工作场景进行规范的"仪容仪表、'四姿'规范、迎接访客"的展示或接待工作。通过学习提高学生的礼仪规范意识和岗位责任意识,增强学生的民族自豪感,从而让学生明白:礼是仪的本质,而仪则是礼的外在表现。能否自觉遵守礼仪,不仅是衡量一个人道德修养的基本尺度,也是衡量一个国家文明程度的重要标志。

知识链接

职场礼仪小技巧

礼的本质是"敬",含有关心、友好、敬重、谦恭、体贴之意;"仪"是"礼"的外在体现。职场礼仪要把握好"尊重为本、沟通为要、规范为优、氛围为上"四个小技巧。

1. 尊重为本

这是职场礼仪的核心要义,是职场礼仪的灵魂。礼仪的全部要义集中在"尊重"二字,否则,职场礼仪就会成为无源之水,无本之木。

2. 沟通为要

职场中人离不开社交,要社交就要交流,要交流就要表达。"沟通为要"指人们在职场中要善于表达、善于表现,具备卓越的社交和沟通能力。

3. 规范为优

对职场人而言,讲礼仪就要讲规范,没有规范在一定程度上就没有礼仪可言。

4. 氛围为上

营造良好的礼仪环境,最重要的是引导更多的人来学习掌握职场礼仪。所以应当让更多的人了解职场礼仪、学习职场礼仪、掌握职场礼仪、运用职场礼仪,真正形成以"讲礼仪为荣"的社会氛围。

Workplace Liyi

The essence of "Li" is respect, which implies care, friendship, humility and consideration. "Yi" is the external embodiment of "Li". Workplace Liyi should be able to grasp the four tips of "respect-based, communication-based, standard-based, and atmosphere-based".

1. Respect-based

This is the core essence of workplace Liyi and the soul of workplace Liyi. The whole essence of etiquette is focused on the word "respect", otherwise, workplace Liyi will become water without a source and a tree without roots.

2. Communication-based

People in the workplace are inseparable from socializing. If you want to socialize, you must communicate, and if you want to communicate, you must express. "Communication is essential" means that people in the workplace must be good at expressing and showing, and have excellent social and communication skills.

3. Standard-based

For people in the workplace, when it comes to etiquette, it is necessary to talk about norms. In a certain sense, it can even be said that there is no etiquette without norms.

4. Amosphere-based

It can be used to create a good environment for etiquette, and the most important thing is to guide more people to learn and master workplace Liyi. Therefore, we should try our best to let more people understand workplace Liyi, learn workplace Liyi, master workplace Liyi, and use workplace Liyi, so as to truly form a social atmosphere where "it is proud of etiquette".

好书推荐

《你的形象价值百万》

《你的形象价值百万》是由英格丽·张主编的图书。该书从服装、礼仪、气质、交流与沟通等方面，通过一个个真实生动的事例讲解了什么是成功的形象，罗列出工作和商务交际中常见的形象失误，职员们应该从中反思并重新认识自己。另外，在每一节后面的"英格丽建议"中详细地指出怎样才是正确的做法。这不仅是帮助商业人士打开成功之门的一把钥匙，更是一部启迪成功的智慧之书。

技能篇

精益求精，用职业素养开启你的职业生涯
——国赛金牌王静秋

王静秋，女，重庆商务职业学院酒店服务与管理专业学生，担任班长一职。她出生在四川农村的一个贫困家庭，乐于助人、学习刻苦努力，深得教师和同学信任，在2017年进校时就被选入校餐厅服务项目集训队。为练好基本功，她常常放弃休息时间，认真琢磨、反复练习专业技能技巧。宝剑锋从磨砺出，梅花香自苦寒来。通过勤学苦练，她的技能水平突飞猛进，在2021年全国乡村振兴职业技能大赛中获得金牌，在重庆市第七届职业技能大赛中获餐厅服务项目银牌，在重庆市中等职业技能大赛中多次获得二等奖。许多星级酒店都给她抛来"橄榄枝"，她以一技之长改变了自己的命运，成就了自己的梦想。

在2021年全国乡村振兴职业技能大赛中，重庆商务职业学院王静秋同学参加"餐厅服务员"项目学生组比赛，赛场上其精湛、熟练、细腻的餐厅服务技能，温良、大方、优雅的职业形象，不仅获得了行业内外一片赞扬，也得到了裁判的高度肯定，喜获"餐厅服务员"项目学生组金牌，随后获得"重庆技能大师"荣誉称号。让人们在感叹中国职业教育"前途广阔，大有可为"的同时，也为王静秋同学扎实过硬的基本功和精益求精的职业追求、对技能的专注热爱和坚守坚持、良好的综合素养和高水平的专业素养所折服。请同学们向"技能大师"学习，苦练基本技能，打好基础，树立崇高职业理想，坚持长远发展，坚定搭乘中国服务的高品质快车，追求卓越人生之路。

技能篇
教学参考

项目二　餐饮服务基本技能

项目描述

　　餐饮服务技能是指与餐饮业务相关的规范的基本技能或技巧。熟练地掌握餐饮服务基本技能是做好服务工作、提高服务质量的基本条件。餐饮服务的每项技能和环节，如托盘、摆台、餐巾折花、酒水服务和菜肴服务等都有特定的操作方法、程序和标准，因此服务人员要努力学好餐饮基本理论知识，刻苦训练，熟练掌握过硬的餐饮服务基本技能，做到在操作规范化、程序化和标准化的基础上提供优质的个性化服务。

学练目标

知识目标：

◇ 熟练掌握轻托、餐巾折花、铺台布、中餐摆台、斟酒、上菜分菜的操作要领以及理论规范。

技能目标：

◇ 通过技能训练，能熟练地进行轻托、餐巾折花、铺台布、中餐摆台、斟酒、上菜分菜的实际操作，理解准确的操作标准与步骤，并能灵活自如地运用相关技能为客人提供高质量服务。

思政目标：

◇ 通过"三基"认知和优秀传统文化学习，坚定技能引航人生，建立职业生涯规划意识。

◇ 树立职业理想，善学苦练、精益求精，为学生职业生涯筑梦。

◇ 帮助建立高质量工作标准，培养能吃苦、热爱、用心、坚持等职业品质。

任务1　托　盘

任务导入

小李的餐厅工作

小李毕业后,应聘到一家五星级酒店,安排在餐饮部工作。小李到酒店工作的第一天,人力资源部首先针对新员工安排了一次岗前托盘技能的培训,目的是通过这次培训让新员工认识到托盘的重要性。经过岗前培训,小李到餐饮部的第一个工作岗位是传菜员,她的托盘技能即将得到检验。

分析:由此可见,托盘是餐厅服务中最关键、最基础的基本技能。

任务探究

托盘是餐厅运送各种物品的基本工具。正确使用托盘,是每个餐厅服务人员必须掌握的基本操作技能,可以提高工作效率、服务质量和规范餐厅服务工作。

任务要求

1.能描述托盘的操作要领和方法。

2.熟练运用轻托进行理盘、装盘、起盘、行走、卸盘操作。

3.能运用重托进行理盘、装盘、行走、放盘操作。

4.能熟练使用托盘完成餐饮服务工作。

建议课时

2课时。

任务准备

1.提前预习相关知识点,分好学习小组,方便课堂学习、练习。

2.准备笔记本、工作服装、鞋袜、餐椅、托盘、酒瓶等实训用品。

任务实施

一、知识呈现

托盘方式:根据盘内物品的质量分为轻托和重托。

轻托时盘内运送的物品质量较轻,一般在5 kg以下。重托是指托载较重的菜品和物品时使用的方法,所托重量一般在10 kg左右。轻托又称胸前托,通常使用大、中、小圆托盘或小方托盘,是专门用来为宾客斟酒、派小吃、传菜或托送较轻物品的工具。

1.托盘的分类

（1）按制作托盘的材料分为木制托盘、金属托盘和胶木托盘。

（2）按托盘的大小分为大托盘、中托盘和小托盘。

（3）按托盘的形状分为圆形托盘、正方形托盘和长方形托盘（图2-1）。

塑料托盘

木质托盘

不锈钢圆托盘

不锈钢方托盘

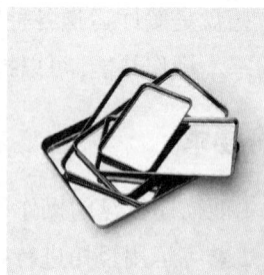
不锈钢长托盘

图2-1

2.托盘的选择

（1）大、中型圆托盘和中、小型方托盘通常用于斟酒、送菜、展示饮品等。

（2）大、中型方托盘通常用于装送菜点、盘碟等较重物品。

（3）小型圆托盘通常用于递送账单、信件等。

3.托盘行走五种步法

（1）常步：按照正常的步速和步距迈步行走，要求步速均匀，步距适中。

（2）快步：运送热菜时，步速快一些，步距大一些，但不能奔跑。

（3）碎步：运送汤类菜肴时，步速较快，步距较小。

记一记

（4）垫步：运送菜肴在狭窄的过道、突然遇到障碍或靠近席边时，需要减速行走时前脚前进一步，后脚跟进一步。

（5）巧步：运送物品遇到意外时需灵活调整步子。

二、技能训练

1.实训内容安排

序号	技能名称	实训具体内容	时间安排
1	托盘技能基本功——臂力训练	5分钟臂力训练	10分钟
		5分钟臂力与服务姿态基础综合训练	
2	托瓶（或者饮料）行走	轻托托盘操作：理盘、装盘、起托、托盘、托行站立练习（10分钟）	30分钟
		轻托平托行走练习：理盘、装盘、起托、托盘、托行站立、轻托平地行走（时间量达标训练）（10分钟）	
		轻托上下楼梯练习，障碍行走练习，桌边打开托盘练习，托盘下蹲拾物，行走礼仪练习等（10分钟）	
		转盘平稳的计时训练（课后练习）	
		转盘综合提高训练（课后练习）	
合计			40分钟

2.实训步骤

1）臂力训练

①选择重量不低于2.5 kg的完整砖块一块，进行包装处理。

②将左手臂向上弯曲、小臂垂直于左胸前、肘部离腰部15厘米、掌心向上、五指自然分开，以大拇指指端到手掌的掌根部位和其余手指托住砖底，手掌自然形成凹形，掌心不与砖底接触、平托于胸前、略低于胸部。

③按上述臂姿规范和方法，以6次/日和5分钟/次的训练次数且次日在此基础上递增5分钟/次的时间量加以训练，直到25分钟/次连托至3次/日达标。

记一记

实训步骤

2）托物行走（实训以具体实物为例）

①理盘：每次使用前，将托盘洗净擦干，如不是防滑托盘，则在盘内垫上洁净的湿垫布，并铺平拉齐，如图2-2、图2-3所示。

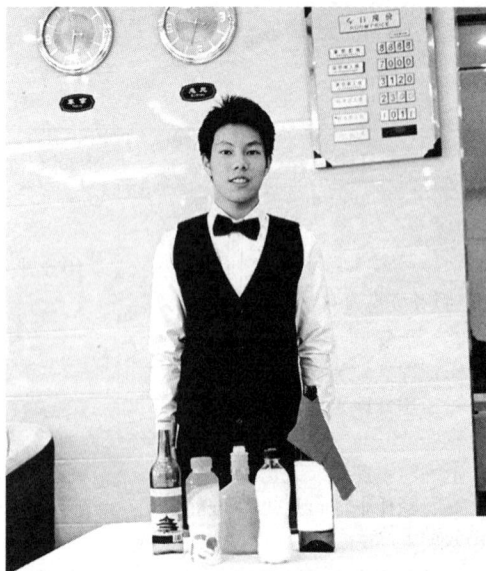

图2-2

图2-3

②装盘：按重物、高物放在托盘里档，轻物、低物放在托盘外档的装盘要领，将酒瓶装于托盘内。装盘三原则：内重外轻，内高外低，先上桌的在上、在外，后上桌的在下、在内，如图2-4、图2-5所示。

图2-4

图2-5

③起托：将左脚朝前，把左手和左肘放到与托盘同一平面上，用右手轻轻地、慢慢地把托盘平移到左手掌上，按臂力训练的掌姿要求托盘，如图2-6、图2-7所示。

图2-6

图2-7

④托盘：左手臂自然弯成90度，手心向上，五指分开，以大拇指指端到手掌的掌根部位和其余四指托住盘底，手掌自然形成凹形，掌心不与盘底接触，平托于胸前。手指随时根据盘上各侧面的轻重变化而进行相应的调整，以使托盘平稳，如图2-8、图2-9所示。

图2-8

图2-9

　　⑤轻托行走：轻托行走时要头正肩平，上身挺直，两眼注视前方，步履轻快，托盘随着走路的节奏自然摆动，切忌僵硬死板，否则托盘中的汤汁、酒水容易外溢，如图2-10、图2-11所示。

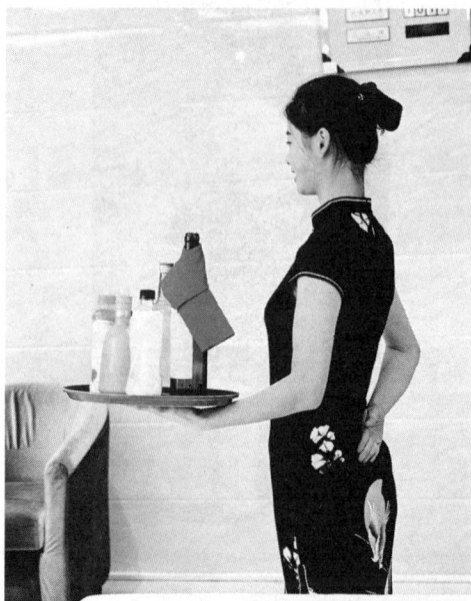

图2-10

图2-11

　　⑥卸盘：左脚向前迈出一小步，右手扶住盘边，略弯腰，半蹲屈肘，将左手臂自然弯成90度，左手与工作台面平齐，将托盘一端搁在台面上，用左手掌根将托盘平稳地推至台面上，松开双手，直起身体，如图2-12、图2-13所示。

图2-12

图2-13

任务拓展

旁托转盘练习(调整位置)

①将身体立于座椅右侧,与餐椅相距20 cm,两脚成八字形自然拉开,收腹、挺胸、立腰。

②将托盘的手与身体中心成45°,拉开(托盘臂姿如前所述)。

③将身体重心移向左腿,但不送胯,右脚自然挺直并脚尖上跷,用右手从托盘正前方成顺时针方向平转在左胸前、使托盘中的物品始终保持重物、高物在托盘里档。

企业建议

1.托盘是餐饮技能中难度最大、最苦最累、最重要的一项基本实训技能,为避免学生产生怕苦怕累思想与烦躁心理,在组织训练时,应穿插其他技能训练,以达到既巩固提高所学技能,又继续学习新技能的目的。

2.在实训过程中,根据学生实际训练进度,恰当调整课时量。

3.在实训过程中,应对学生的训练精神加以严格管理,以达到企业对员工的基本要求。

注意事项

托盘技能训练注意事项

1.以小组为单位进行训练,进行小组交流比赛,做到技能动作规范化。

2.训练时注意安全,包括人身安全以及物品安全;

3.训练中要注意合作,在合作训练中培养学生的团队合作精神;

4.训练时注意不可以拇指向上按住托盘边,这样既不美观,也不礼貌;

5.为了提高学生对托盘内物品质量的掌控能力,在长期的技能训练中,教师应分阶段对盘内物品的质量按照从轻到重、逐渐加大的原则进行托盘物品的质量控制练习;

6.轻托行走时要掌控好托盘的重心和平衡后再行走,切记不能右手扶住托盘同时进行轻托行走。

7.轻托练习中托盘必须摆放在指定工作位置,切不可随意摆放,更不能摆放在客人桌上;

8.不要在没有放好托盘之前就急于取出上面的东西,否则容易造成托盘打翻、物品落地等事故。

知识强化

根据本节知识完成以下测试题。

1.运送5 kg以下的物品,一般采用轻托的托运方式。(   )

2.使用托盘运送热菜时,应采用的步法是(   )。

   A.快步   B.常步   C.碎步

3.装盘的原则是高物重物在外档,轻物矮物在里档。(   )

评价反馈

托盘能力评价表

姓名：_____　时间：_____年___月___日

项目	细节要求	满分	小组评价	自我评价
仪容仪表	符合岗位职业形象要求，有较好的精神面貌	20分		
轻托平地行走练习	托盘操作手势正确，走姿正确、优美	10分		
轻托上下楼梯行走练习	托盘操作手势正确，走姿正确、轻松	10分		
轻托障碍行走练习	托盘操作手势正确，走姿灵活、平稳	10分		
轻托桌边打开托盘练习	托盘操作手势正确，身体姿态正确、优美，托盘打开悬位在椅子外侧，托盘平稳	30分		
旁托转盘练习	与餐椅相距20厘米，两脚成八字型自然拉开，收腹、挺胸、立腰	20分		
合计		100分		
最后得分（小组评分×70% + 自我评价×30%）：				
评语：				

注：满分为100分，60~69分为及格、70~79分为中等、80~89分为良好、90分及以上为优秀。

裁

切

线

裁

切

线

任务2　餐巾折花

任务导入

美丽的"花儿"

　　星期天,某高级中餐厅晚餐时间,在某包间接待了一个家庭宴会。一个小朋友看到桌上的餐巾花后,拿在手上爱不释手,家长好奇地看着,由衷地赞美"花儿"的漂亮,原来杯中的餐巾布像一朵盛开的玫瑰花,大家不由得对服务员精湛的折花技法称赞起来。

　　分析:餐巾花的作用在宴会桌面上是相当重要的。

任务探究

　　餐巾折花是餐厅服务员的一项基本技能。通过服务员的双手将一块块正方形布折叠成让客人赏心悦目的各种花鸟鱼虫等,需要服务员掌握高超的餐巾折叠技巧。

任务要求

　　1.了解餐巾的种类、规格和餐巾折花在不同宴会中的应用规范。

　　2.熟练运用折叠、推折、卷、翻拉、捏等手法折叠盘花、杯花和环花。

　　3.掌握动物、植物、实物等三种花型折叠技法和要领。

　　4.熟练运用所学的折叠手法完成杯花和盘花各10种(动物、植物、实物)。

建议课时

　　4课时。

任务准备

　　1.提前预习相关知识点,分好学习小组,方便课堂学习、练习。

　　2.准备笔记本、工作服、鞋袜、餐椅、托盘、餐巾布、高脚杯等实训用品。

任务实施

一、知识呈现

　　1.餐巾种类与特点

　　(1)全棉和棉麻混纺的餐巾,特点是吸水性强、触感

记一记

好、色彩丰富，但易褪色、不够挺括，每次洗涤需上浆，平均寿命为4~6个月。

（2）化纤餐巾，价格适中。

（3）维萨餐巾，色彩鲜艳丰富、挺括、触感好、方便洗涤、不褪色并且经久耐用，但价格较高，可用2~3年。

（4）纸质餐巾，一次性使用，成本较低，一般用在快餐厅和团队餐厅。

餐巾花
展示（1）

2.餐巾花种类与特点

（1）按造型外观分类，可分为动物类造型、植物类造型及其他类造型，如图2-14所示。

图2-14

（2）按折叠方法与放置用具的不同分类，可分为杯花、盘花及环花，如图2-15所示。

餐巾花
展示（2）

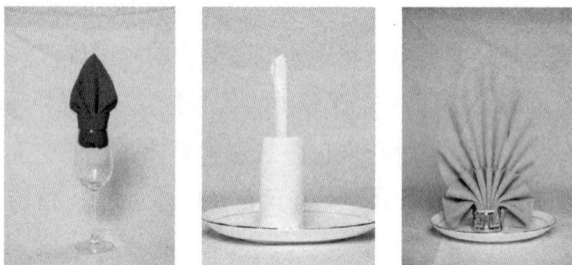

图2-15

3.餐巾折花的基本技法及其要领

（1）折叠。折叠是最基本的餐巾折花手法，几乎所有折花都会用到。

（2）推折。推折是打折时应用的一种手法。推折时应在干净光滑的台面或干净白瓷圆盘上。

（3）卷。卷是将餐巾卷成圆筒形并制作出各种花型的手法，分为平行卷（直卷）和斜角卷（螺旋卷）两种。

（4）翻拉。翻拉是在折制的过程中，将餐巾折、卷后的部位翻或拉成所需花样，如将餐巾的巾角从下端翻拉至上端、前面向后面翻拉。

（5）捏。捏主要是做鸟或者其他动物的头所使用的方法。

记一记

　　（6）穿。穿是指用工具从餐巾的夹层折缝中边穿边收，形成皱褶，使造型更加逼真美观的一种方法。

　　常见的几种折叠方法如图2-16所示。

图2-16

二、技能训练

1.实训内容

技能训练

序号	技能名称	实训内容	课时安排
1	餐巾折花基本技能	叠、推、穿、卷折技法与提高训练	1课时
		攥、翻、拉、掰、捏技法与提高训练	
2	植物花型	学习10种植物花型、花型折叠技法和效果提高训练（如图所示）	20分钟
3	鸟兽类花型	学习10种鸟兽类花型、花型折叠技法和效果提高训练（如图所示）	20分钟
4	实物类花型	学习10种实物类花型、花型折叠技法和效果提高训练（如图所示）	20分钟
5	指定数量和类型	限时完成指定数量和类型，6分钟共10个	1课时

2.实训步骤

（1）教师根据餐巾折花的基本技法要求逐步进行示范,学生分小组后模仿练习。

（2）学生对常用的折花技法分步骤进行训练,熟练掌握一种技法后,再练下一种技法。

（3）检查学生对基本技法要领的掌握情况（如下表）。

①小组内成员之间进行互查纠正,进一步明确各种技法的动作要领;

②小组内派代表进行成果展示与交流;

③教师根据学生训练情况进行巡回检查和辅导。

④为提高学习兴趣,可自由组合、分组进行餐巾折花比赛,评出基本技法能手。

餐巾折花基本技法和要领		
	技法	要领
叠	将餐巾平行取中一折二、二折四、单层或多层叠,或折成正方形、矩形,或是斜折成三角形、菱形、梯形、锯齿形等几何图形	熟悉基本造型,叠时要看准折缝线和角度一次叠成,避免反复。
推	将餐巾叠面折成褶裥的形状,折裥时,用双手的拇指、食指分别捏住餐巾两头的第一个褶裥,两个大拇指相对成一直线,指面向外;两手中指按住餐巾,并控制好下一个褶裥的距离;拇指、食指的指面捏紧餐巾向前推至中指外	（1）工作台要干净光滑。（2）折时拇指、食指紧握裥向前推,用中指控制间距,不能向后推折倒抓。（3）折裥要均匀平整,不宜过密或过稀。
卷	卷分为平行卷和斜角卷两种,平行卷是餐巾两头一起卷,操作时要卷得平直,两头大小一样	（1）平行卷要求两手用力均匀,同时平行卷动、餐巾两头形状一样。斜角卷要求两手能按所卷角度的大小互相配合卷。（2）卷折的效果应达到紧、挺括。
攥	用左手攥住已折成半成品的花型的中部或下部,然后用右手操作其他部位	攥在手中的餐巾部分不能松散,尤其是攥紧两侧巾角部分。
穿	将筷子的一头穿进餐巾的夹层折缝中,另一头顶在自己身上,然后用右手的拇指和食指将筷子上的餐巾一点一点往里拉,直至把筷子穿过去	（1）穿的工具要光滑、洁净。（2）拉折要均匀。
翻	将已折叠成半成品的花型根据需要,将餐巾的巾角从下端翻折至上端、两侧向中间翻折,前面向后翻折,或是将夹层里面翻到对面	（1）翻折动作要轻。（2）翻折花型尽量装杯后再完成翻折部分。
拉	一手握着已折叠成相应形状的花型,一手将下垂的巾角,或夹层中中角拉折成所需要的形状	（1）在翻折过程中,双手要配合好,松紧适度。（2）在翻拉花卉的叶子和鸟类翅膀时,要注意大小一致、距离相等,用力均匀。
掰	将餐巾叠好层次,用右手按顺序一层层掰出花瓣	（1）使用掰的技法时,不要用力过大。（2）掰的层次或褶的大小距离均匀。

餐巾折花基本技法和要领		
	技法	要领
捏	先用一只手的拇指和食指将餐巾巾角的上端拉挺作头颈，然后用食指将巾角尖端向里压下，再用中指与拇指将压下的巾角握紧，并握成一个尖嘴形	（1）在操作此项技法前，拉折技法需要达到熟练程度。 （2）对于不同的鸟类的嘴型，应灵活把握巾角捏折的幅度。

任务拓展

中餐宴会厅将接待一桌英国客人，请查阅相关资料，了解客人的喜好及禁忌，设计10种不同的餐巾花，要求种类丰富、款式新颖。摆放餐巾花突出正副主人位，整体协调、造型美观。

企业建议

1.熟练掌握每一种技法，练好基本功，为以后工作中的零餐和宴会摆台折花打好基础。

2.实训过程中注意清洁卫生的要求，客人在用餐过程中，使用餐巾布较多。

3.激发学生热爱生活、追求真善美的品质，把工作的美的享受带到生活中，让生活充满色彩。

注意事项

餐巾折花技能训练注意事项

1.操作前要洗手消毒。

2.在干净卫生的托盘或餐盘中操作。

3.简化折叠方法，减少反复折叠次数。

4.餐巾花造型美观、高雅，适应国内外发展趋势。

5.操作时，手应拿取杯子下半部，不能触碰杯口部位。放花入杯时，要注意卫生，手指不允许接触杯口，杯身不允许留下指纹。操作时不允许用嘴叼、口咬。

6.摆放水杯时应轻拿轻放，避免碰出响声。

7.摆放餐巾花时注意餐巾花的观赏面朝向客人。

8.不操作时不要玩弄餐巾布、水杯、筷子等。

知识强化

根据本节知识完成以下测试题。

1.餐巾折花是一种用餐器具,可以烘托宴会的气氛。（　　）

2.餐巾花通常可分为杯花和盘花两大类,杯花适用于中餐宴会,盘花多用于西餐宴会。（　　）

3.举办大型宴会时,每桌的餐巾花型要求折叠各异。（　　）

4.中小型宴会的餐巾折花要精细,要做到一人一样。（　　）

5.婚宴使用的餐巾花型可选"老树新芽""仙鹤"等。（　　）

✂ # 评价反馈

餐巾折花能力评价表

姓名：_____ 时间：_____年___月___日

项目	细节要求	满分	小组评价	自我评价
仪容仪表	符合岗位职业形象要求，有较好的精神面貌	10分		
彩蝶纷飞	检查叠、直推、穿、翻拉等技法动作是否准确	10分		
卷叶多姿	检查叠、直推、翻拉、挤皱等技法动作是否准确	10分		
冰玉水仙	检查叠、直推、翻拉等技法动作是否准确	10分		
玫瑰花	检查叠、掰等技法动作是否准确	10分		
仙人合掌	检查叠、斜推等技法动作是否准确	10分		
海鸥翱翔	检查叠、直卷、捏等技法动作是否准确	10分		
自选或自创花型一折叠技法	检查基本技法动作是否准确，要求是杯花	10分		
自选或自创花型二折叠技法	检查基本技法动作是否准确，要求是盘花	10分		
自选或自创花型三折叠技法	检查基本技法动作是否准确，要求是环花	10分		
合计		100分		
最后得分（小组评分×70% + 自我评价×30%）：				
评语：				

注：满分为100分，60~69分为及格、70~79分为中等、80~89分为良好、90分及以上为优秀。

任务3 铺台布

任务导入

师傅们的台布

某职业中学崔老师组织酒店管理专业学生去某星级大酒店实习。晚宴开始前,实习学生与"师傅"们开始为宴会做准备工作,学生们按照"师傅"的要求开始铺台布,当他们铺好一张台布时,他们的"师傅"已将第二张台布铺好,学生们看见一张张雪白的台布伴随着一次次潇洒的抛抖动作准确地落在餐桌上时,不禁被"师傅"们高超的技艺所折服。此时,同学们迫切地想拥有如此高超的技艺。

分析:准确、快速地铺好台布是宴会摆台的第一步。

任务探究

铺台布是餐厅服务员的一项基本技能,通过服务员的双手准确快速地将一张张正方形或者圆形的台布铺好在餐桌上,从而为后续的摆台做好铺垫,需要服务员掌握高超的铺台布技巧。

任务要求

1.知道台布的主要种类、规格,掌握几种常见台布的铺设方法。

2.掌握更换台布的步骤以及铺设台布的具体要求。

建议课时

2课时。

任务准备

1.预习相关知识点,分好学习小组,方便课堂实训。

2.场地准备:餐饮训练实训室。

3.分组准备:将学生分成若干个小组,每组推举一名组长。

4.物品准备:每组配直径180 cm圆形餐桌1张,餐椅10张,直径240 cm圆形台布1张。

任务实施

一、知识呈现

1.台布的样式及铺设规格（桌台直径+每边各垂30 cm为宜）

台布种类			台布规格（长×宽）	桌台规格（圆桌直径）
质地		全涤		
		涤棉	150 cm × 150 cm	50~90 cm（1~2人）
		纯棉	160 cm × 160 cm	90~110 cm（3~4人）
图案		团花	180 cm × 180 cm	110~125 cm（4~6人）
		散花	200 cm × 200 cm	125~130 cm（6~8人）
		装饰布及工艺绣花	260 cm × 260 cm	180~200 cm（10~12人）
色调		冷色系（如白色、绿色等）	280 cm × 280 cm	220 cm（14人）
		暖色系（如粉色、红色、黄色等）	320 cm × 320 cm	260 cm（16人）
形状		长方形	340 cm × 340 cm	280 cm（18人）
		正方形	410 cm × 410 cm 510 cm × 510 cm	350~450 cm（20人）
		圆形及异形		

（第二列"台布铺设规格"为中间合并列）

2.台布的常见铺设方法

台布铺设是将台布准确而平整地铺设在餐桌上的过程，中餐圆台铺台布常用的方法有以下3种：推拉式铺台布、抖铺式铺台布、撒网式铺台布。

记一记

二、技能训练

1.实训内容安排

常见台布铺设实训		
铺设方法	操作标准	适用场所
推拉式铺台布（10分钟）	站在主人位或副主人位，用双手将台布打开后放至餐台上，台布凸面向上，左右两手捏住台布的一边，两手与台布中缝线距离约50 cm，将台布夹在除拇指外的其他四指内，将台布贴着餐台面平行推出去再拉回来，使台布中心与餐台中心吻合。	推拉式铺台布多用于零点餐厅或较小的餐厅，或因有客人就坐于餐台周围等候用餐时，或在地方窄小的情况下。
抖铺式铺台布（10分钟）	站在主人位或副主人位，用双手将台布一次性打开，平行打折后将台布提拿在双手中，身体呈正位站立式，利用双腕的力量，将台布向前一次性抖开，在台布落桌和向回拉动的过程中以中线为参照，调整台布的位置并进行准确定位，使台布中心与餐台中心吻合。	适用于较宽敞的餐厅或周围没有客人就座的情况。
撒网式铺台布（10分钟）	站在主人位或副主人位，离桌边约40 cm，呈右脚在前、左脚在后的站立姿势，用双手将台布打开，凸面向上，用手指抓住台布平行打折后，双手提起至胸前，双臂与肩平行，上身向左转，下肢不动并在右臂与身体回转时，台布斜着向前撒出去，如同撒渔网一样，将台布抛至前方时，上身转体回位并恢复至正位站立，然后再将台布拉回，使台布中心与餐台中心吻合。	撒网式铺台布多用于宽大场地或技术比赛场所。
更换台布	即"翻台"，是在就餐客人较多时，经常涉及的一种服务技能。	多用于零点餐厅

2.实训步骤

流程：铺台布准备工作练习→推位式铺台布练习→抖铺式铺台布练习→撒网式铺台布练习。

①推拉式铺台布：选择好台布→选择好站位→用双手将台布打开后放至餐台上→将台布贴着餐台表面平行推出去再拉回来→准确定位。

②抖铺式铺台布：选择好台布→选择好站位→用双手将台布一次性打开，平行打折后将台布提拿在双手，身体呈正位站立式→向前抖开并平铺于餐台→准确定位。

实训步骤

55

③撒网式铺台布：选择好台布→选择好站位→右脚在前，左脚在后→用双手将台布打开，平行打折→双手提起至胸前，上身向左转，下肢不动并在右臂与身体回转→向餐桌中心位置方向撒开→准确定位。

④更换台布，根据不同场所、不同情况而定。

任务拓展

正方形台布常用于方台和圆台，圆形台布主要用于中餐圆台，高档的宴会则多采用多层两种形状以上的台布。

企业建议

1.熟练掌握三种以上铺台布的方法，这是饭店铺台布常用到的方法。

2.铺台布时注意运用技巧，避免实际工作中出错返工。

3.铺好台布的同时要注意如何收台布，注意规范动作与程序。

注意事项

铺台布技能训练注意事项

1.训练前的注意事项

（1）教师检查仪容仪表，学生自己洗净双手，整理好妆容。

（2）仔细检查台布有无破损、污垢和皱褶等现象，若有则需要立即调换。

（3）要注意自己的站位是否正确，以便正常安全操作。

2.训练过程中的注意事项

（1）铺台布时，台布不能接触地面以及与手过多接触。

（2）台布的正面折缝朝上，中心折纹的交叉点应与餐台中心吻合。

（3）四角呈直线下垂状，下垂部分均等。

（4）铺好的台布应当平整无皱褶。

（5）较高规格的宴会，还应该在圆桌外沿围上桌裙，起到装饰和烘托氛围的作用。

3.训练结束后的注意事项

（1）整理好实训物品，收拾好场地，清洁卫生。

（2）做好实训记录与反思。

知识强化

根据本节知识完成以下测试题。

1.10~12人餐桌，铺设的台布一般大小为（　　　）cm。

　　A.180　　　　　　　　B.200　　　　　　　　C.260　　　　　　　　D.280

2.铺设台布时，应站在主人位。（　　　）

3.铺设台布的方法包括推拉式、抖铺式、撒网式。（　　　）

评价反馈

台布铺设能力评价表

姓名：_____　　时间：_____年___月___日

项目	细节要求	满分	小组评价	自我评价
仪容仪表	符合岗位职业形象要求，有较好的精神面貌	20分		
零点方桌	选择站位、铺设时间20秒	4分		
	一次到位、中心对称	4分		
	四角均匀下垂	2分		
推拉式	选择站位、铺设时间40秒	8分		
	一次到位、中心对称	8分		
	四角均匀下垂	4分		
抖铺式	选择站位、铺设时间30秒	8分		
	一次到位、中心对称	8分		
	四角均匀下垂	4分		
撒网式	选择站位、铺设时间35秒	8分		
	一次到位、中心对称	8分		
	四角均匀下垂	4分		
更换台布	选择站位、铺设时间60秒	4分		
	一次到位、中心对称	4分		
	四角均匀下垂	2分		
合计		100分		
最后得分（小组评分×70% + 自我评价×30%）：				
评语：				

注：满分为100分，60~69分为及格、70~79分为中等、80~89分为良好、90分及以上为优秀。

裁　切　线

任务4　中餐摆台

任务导入

小明的金牌梦

小明在某大酒店包房已经工作三个月了。领班在开班前会时,给大家透露了一个好消息,当地人社部门将举行一年一度的饭店服务技能大赛,包括中餐宴会摆台、西餐宴会摆台、客房中式铺床以及调酒四个项目,每个项目将从专业技能、专业理论和专业英语三个方面进行考核。这次比赛对每个人来说都是一个机遇,同时也是一个新的挑战,小明希望能通过这次比赛,让自己的专业服务水平得到更大的提高,圆自己的金牌梦。

分析:中餐宴会摆台是每位餐厅服务员的日常工作,小明经过三个月的锻炼已经非常熟悉这项工作。

任务探究

摆台是餐厅服务员的一项基本技能,为客人就餐摆放餐桌、确定席位、提供必要的就餐用具而进行的餐前准备工作,包括摆放餐桌、铺台布、安排座椅、准备餐具、摆放餐具、美化席面等。

任务要求

1.能根据中餐宴会、中餐零点摆台的操作要领摆台。

2.熟练掌握中餐宴会摆设的布件、餐具和用品的摆设操作规程和规范方法。

3.掌握中餐宴会摆台操作程序。

4.能熟练地进行中餐宴会摆台操作。

建议课时

3课时(课后练习10课时)。

任务准备

1.预习相关知识点,分好学习小组,方便课堂实训。

2.场地准备:餐饮训练实训室,能容纳30~40人进行技能训练的场所。

3.分组准备:将学生分成若干个小组,每组推举一名组长。

4.物品准备:每组配直径180 cm圆形餐桌1张,餐椅10张,直径240 cm圆形台布1块,以及其他物品10人位准备(同样规格5套)。

任务实施

一、知识呈现

1.中餐摆台

中餐厅要求餐台摆放合理、符合传统习惯、餐具卫生、摆设配套齐全、规格整齐一致，既方便用餐，又利于席间服务，同时富有美感。所需物品准备与分步骤实物安排（图2-17，仅供参考）。

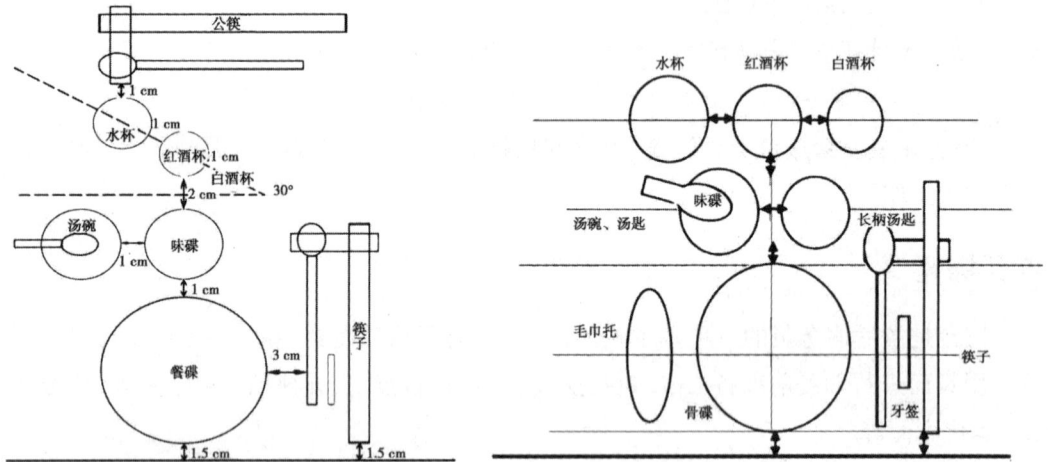

图2-17　中餐摆台常见简易图

图2-18　中餐摆台效果图

2.中餐摆台的主要程序

摆放桌椅→铺台布→放转盘(一般比赛不用)→摆骨碟→摆汤碗、汤勺、味碟→摆筷架、筷子→摆酒具(红酒杯、白酒杯、水杯——摆杯花与水杯一起摆上)→摆公用餐具→摆餐台插花、台号牌、摆菜单→围椅(拉椅让座)

中餐摆台效果如图2-18所示。

3.知识拓展

四人方台:十字对称。

六人圆台:一字对中,左右对称。

八人圆台:十字对中,两两对称。

十人圆台:一字对中,左右对称。

二人圆台:一字对中,两两相间。

二、技能训练

1.实训内容安排

操作项目	中餐摆台操作要求和标准	图示
摆放桌椅	摆放餐桌和餐椅时要求餐桌的腿正对门的方向，餐椅三三两两摆放，椅背对齐，成行的桌子和椅子排列整齐。	略
铺装饰布、台布	拉开主人位餐椅，在主人位铺装饰布、台布。装饰布平铺在台布下面（国赛中职组要求），正面朝上，台面平整，下垂均等。台布正面朝上，定位准确，中心线凸缝向上，且对准正副主人位；台面平整，十字居中，台布四周下垂均等。	
定位餐碟	从主人位开始一次性定位摆放餐碟，餐碟边沿距桌边1.5 cm；每个餐碟之间的间隔要相等；相对的餐碟与餐桌中心点三点成一直线；操作要轻松、规范、手法卫生。	
摆放汤碗、汤勺（瓷更）和味碟	汤碗摆放在餐碟左上方1 cm处，味碟摆放在餐碟右上方，汤勺放置于汤碗中，勺把朝左，与餐碟平行。汤碗与味碟之间距离的中点对准餐碟的中点，汤碗与味碟、餐碟之间相距1 cm。	
摆放筷架、银更（长柄勺）、筷子、牙签	筷架摆在餐碟右边，其横中线与汤碗、味碟横中线在一条直线上；银更、筷子搁置于筷架上，筷尾的右下角距桌沿1.5 cm；牙签位于银更和筷子之间，牙签套正面朝上，底部与银更齐平；筷套正面朝上，筷架距离味碟1 cm（筷子距离餐碟3 cm）。	
摆放葡萄酒杯、白酒杯、水杯	葡萄酒杯摆放在餐碟正上方1 cm处（汤碗与味碟之间距离的中点线上）；白酒杯摆在葡萄酒杯的右侧，水杯位于葡萄酒杯左侧，杯肚间隔1 cm，三杯杯底中点连线成一直线，该直线与相对两个餐碟的中点连线垂直；水杯待餐巾花折好后一起摆上桌，杯花底部应整齐、美观，落杯不超过2/3处，摆杯手法正确（手拿杯柄或中下部）、卫生。	
摆放公用餐具	公用筷架摆放在主人和副主人餐位正上方，距水杯肚下沿切点3 cm，公勺、公筷置于公用筷架之上，勺柄、筷子尾端朝右。	

续表

操作项目	中餐摆台操作要求和标准	图示
折餐巾花	花型种类丰富，每种餐巾花三种以上技法；花型突出正、副主人位；有头尾的动物造型应头朝右，主人位除外；餐巾花观赏面向客人，主人位除外；餐巾花挺拔、造型美观、款式新颖；操作手法卫生，不用口咬、下巴按、筷子穿；手不触及杯口及杯的上部。如折的是杯花，水杯待餐巾花折好后一起摆上桌。	
上花瓶、菜单（2个）和桌号牌	花瓶摆在台面正中，造型精美；菜单摆放在正副主人的筷子架右侧，位置一致，菜单右尾端距离桌边1.5 cm；桌号牌摆放在花瓶正前方、面对副主人位。	
拉椅让座	先拉第一主宾（主人位右侧第1位）、第二主宾（主人位左侧第1位）、主人位，然后按顺时针方向逐一定位，示意让座；座位中心与餐碟中心对齐，餐椅之间距离均等，餐椅座面边缘距台布下垂部分1 cm；让座手势正确，体现礼貌。	
零餐摆台	零餐摆台与中餐宴会摆台相同，只是所用的餐具比宴会少一些。根据每个酒店实际餐具的具体准备为准。	

2.实训步骤

1）中餐宴会摆台

①摆台的基本要求

餐具图案对正，距离均匀、整齐、美观、清洁大方，为宾客提供一个舒适的就餐氛围和一套必需的就餐餐具。

②摆台的顺序和标准（详见实训内容安排）

③台布、装饰布的折叠方法

反面朝里，沿凸线长边对折两次，再沿短边对折两次。

2）摆台训练步骤

①观看视频，老师根据中餐宴会摆台顺序进行示范操作，然后分段进行示范。

②学生以小组为单位进行模拟实训。

③小组中1人进行摆台练习，1人辅助上转台（中职比赛不用转台）和物品的准备，另外2人参照技能考评标准进行评议和纠错，4人轮流练习。

④教师根据学生训练的情况进行巡回检查和指导。

⑤为提高学生的训练兴趣，可以开展以小组为单位的分段操作和全程序操作竞赛。

记一记

实训步骤

⑥学生学会中餐宴会摆台后，再以中级工的技能考核要求训练摆台速度及质量（课后实训要求）。

任务拓展

任务拓展

1.学习酒店宴会普通摆台服务实操（以德阳汉瑞酒店为例）。

2.熟悉酒店宴会摆台的工作步骤（以德阳汉瑞酒店为例）。

企业建议

1.观看国赛选手参赛视频，观摩学习实际操作中的准、快、稳。

2.准确掌握摆台的顺序和标准，力争根据不同的宴会主题快速完成标准摆台。

3.注意客人的特殊要求与禁忌。

注意事项

中餐摆台技能实训注意事项

1.铺设台布时要找准参照点一次到位，避免反复，浪费时间。

2.摆放餐具前，应检查所用餐具是否有破损，以免造成不必要的伤害。

3.摆台时，物品的托送一律要使用托盘操作，且按顺时针方向走。

4.操作时，手应拿取杯座处，不能触碰杯口部位，更不能留有手印。

5.摆放餐具时应轻拿轻放避免餐具之间碰出响声，更不允许掉落。

6.摆放餐具时，如有店徽标志等字样图案的，必须正面朝上或朝向客人。

7.摆放餐巾花时应将餐巾花的观赏面朝向客人，同时注意动物头部的朝向。

8.注意操作过程中的动作要规范、快捷，安全生产。

知识强化

根据本节知识完成以下测试题。

1.摆放餐具前，应检查所用餐具是否有破损，以免造成不必要的伤害。（　　　）

2.餐巾折花放于装饰盘内，花型要搭配适当，突出主位。（　　　）

3.摆放餐酒用具时，摆放距离应相等，图案花纹应对正，做到整齐划一，符合规范标准。（　　　）

4.中餐圆台铺台布的方法常用的有（　　　）。

    A.推拉式   B.抖铺式   C.合铺式   D.撒网式

5.中餐零点早餐摆台中，除摆放筷架和筷子外，还需摆放（　　　）。

    A.汤碗   B.汤勺   C.水杯   D.骨碟

✂ 评价反馈

中餐摆台技能评价表

姓名:_____　　时间:_____年___月___日

项目	细节要求	满分	小组评价	自我评价
仪容仪表	符合岗位职业形象要求,有较好的精神面貌	20分		
中餐摆台操作步骤	拉开主人位,在主人位铺台布、装饰布	5分		
	台布一次抖开且平整、无皱纹	10分		
	台布中心与桌心重合,下垂四角匀称	5分		
	台布正面朝上,中心线凸缝正对主人位、副主人位	10分		
	转盘中心与餐台中心重合	5分		
	餐具摆放均匀且达到摆放标准	10分		
	餐巾花挺拔,造型美观,手法卫生	10分		
	餐巾花观赏面朝向客人,有动物头部的朝向正确,突出主人位	5分		
	围椅均匀,座边与台布垂面相切1 cm	5分		
	餐台插花摆放在餐桌的中心位置	5分		
零点摆台	参照中餐宴会摆台标准	10分		
合计		100分		
最后得分(小组评分×70% + 自我评价×30%):				
评语:				

注:满分为100分,60~69分为及格、70~79分为中等、80~89分为良好、90分及以上为优秀。

栽

切

线

任务5　斟酒训练

任务导入

斟酒的技巧

某高级餐厅来了几位青岛客人,他们点了五瓶啤酒。服务员小李在上菜完毕后,主动为客人斟倒啤酒,小李怕酒杯掉落,便拿着杯子底部,大拇指按住杯口斟倒。在倒酒过程中,因倒得太急,导致啤酒泡沫从杯口溢出,引起客人不满。

分析:斟倒啤酒时,应该缓慢地倒入酒液,让酒液沿着杯壁流下,防止酒液溢出。

任务探究

斟酒服务是餐厅服务工作中的基本服务技能之一,餐厅服务员给客人斟酒操作时动作娴熟、规范、优美,不仅能体现餐厅服务员的技能水平,而且会使客人在精神上得到美的享受。为了给客人提供全面周到的服务,餐厅服务员不仅要掌握斟酒技术,而且要具有丰富的酒水知识和深厚的文化素养。那么,这种技能和知识如何获得呢?只有通过平时的认真学习和刻苦训练来获得。

任务要求

1.徒手以及托盘斟酒的操作要点。

2.控制斟酒的速度以及酒量。

3.会用不同的方式为客人斟倒酒水。

建议课时

2课时。

任务准备

1.提前预习相关知识点,分好学习小组,方便课堂实训。

2.场地准备:能容纳40人以上的斟酒训练实训室。

3.物品准备:葡萄酒开酒钻10个、葡萄酒瓶(可用啤酒瓶代替)若干、白酒瓶若干、托盘10个、葡萄酒杯若干、白酒杯若干、干净口布10块,餐桌、餐椅、托盘、口布、酒瓶、中西餐各式酒杯等。

任务实施

一、知识呈现

酒是用谷物、水果等含淀粉或糖分的谷物、植物经过发酵、蒸馏等方法生产出来的含乙醇、带刺激性的饮料。酒水是酒精饮料和非酒精饮料的总称。

1.酒的分类

按制造方法分类	按配餐饮用方式分类	按乙醇含量分类	按商业经营分类
发酵 蒸馏 配制	餐前酒 佐餐酒 甜食酒 餐后甜酒 混合饮料	高度酒：乙醇含量40%（V/V）以上 中度：乙醇含量20%（V/V）~40%（V/V） 低度酒：乙醇含量20%（V/V）以下	白酒 黄酒 果酒 药酒 啤酒

2.酒水瓶的开启方法

酒水瓶罐的封口常见的有皇冠瓶盖、易拉环、软木制成的瓶塞和旋转瓶盖等，常用的开启酒水瓶盖的工具有开塞钻和扳手（如图2-19所示）。

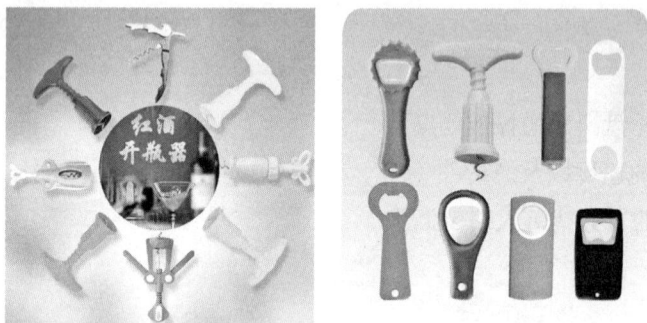

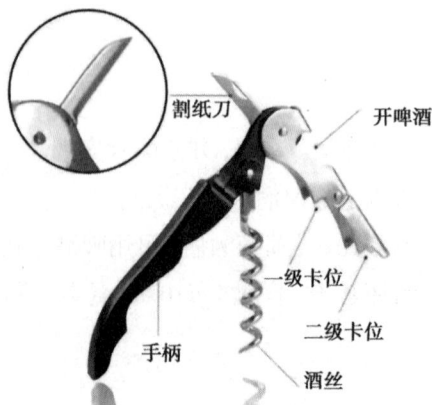

图2-19　酒水瓶的开启工具

3.斟倒酒水

（1）斟酒方法：捧斟和桌斟（托盘斟酒和徒手斟酒）两种。

（2）斟酒步骤：检查、示酒、开瓶、斟酒（如图2-20—图2-24所示）。

斟酒图片
展示

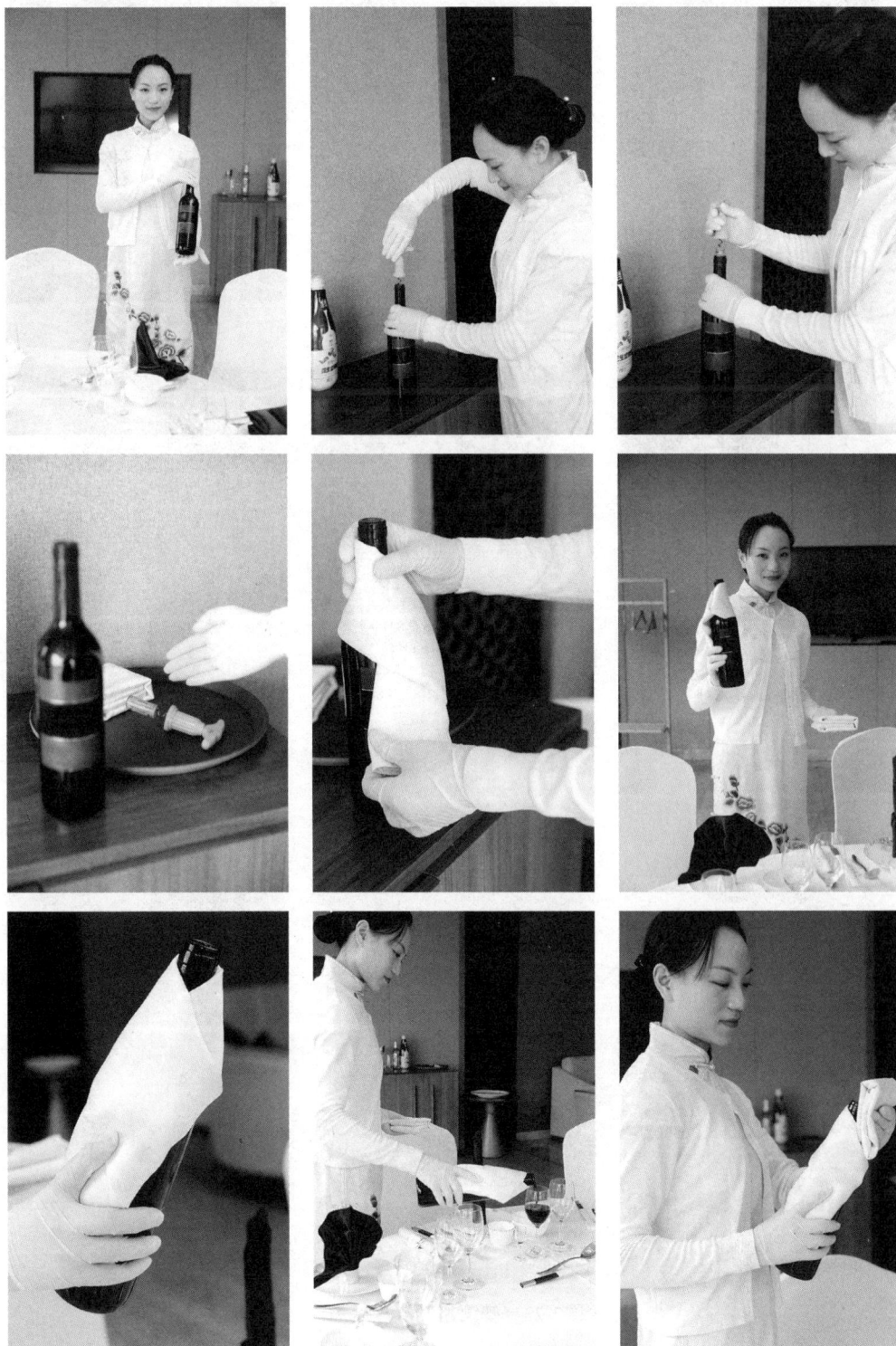

图2-20　红酒斟倒流程展示

图2-21　白酒斟倒流程展示

图2-22　饮品斟倒流程展示

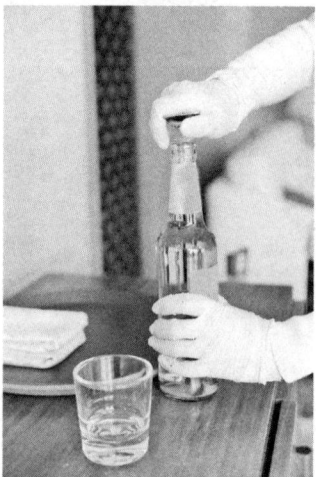

图2-23　啤酒斟倒流程展示

图2-24　桌旁托盘斟酒展示

（3）斟酒要领如下表所示。

斟酒要领

项目	具体要求
瓶口与杯口距离	斟酒时瓶口不可搭放在杯口，一般相距1~2 cm为宜。
回瓶时	当斟至适量时不可突然抬起瓶身，而应稍停一下，并旋转瓶身，抬起瓶口，使最后一滴酒随着瓶身的转动均匀地分布在瓶口沿上，避免洒落在台面或者客人身上。
酒液流速	斟酒时要根据酒量、倾斜角度来控制斟倒速度。一般瓶内酒量越少，流速越快。

续表

项目	具体要求
酒量	根据酒品和习俗的不同，斟酒量也不尽相同。中餐酒一律以八分满为宜。啤酒一般为八成酒液二成泡沫。 
斟酒顺序	根据客人是否入座，客人入座后的斟酒顺序或者客人入座前的斟酒顺序。

二、技能训练

1.实训内容安排

序号	技能名称	实训内容及要求	课时安排
1	徒手斟酒 （举手斟酒）	操作规范、姿势、方位、握瓶、瓶口	1课时
		瓶口控制方法，瓶身旋转及酒流速度、流向技巧训练	
		上述项目加强训练和酒流斟量控制训练	
2	托盘斟酒	操作规范，姿势互换，旁托取、放瓶，旁托斟酒	1课时
		斟酒量与酒流流向分别训练	
		斟量标准和斟倒速度训练	
		移杯于托盘中斟倒训练	
		规范训练上述项目技能	

2.实训步骤

1）徒手斟酒

①左手持一块折叠成正方形的酒布背在身后。

②右手持瓶，并将商标朝向宾客。

③身体立于座位右侧，两脚呈八字步或丁字步站立。

④将斟酒的右手小臂自然伸向杯口，且瓶口与杯口相距1~2 cm。

⑤将酒顺杯壁或向杯中缓缓流入杯中，当斟至规定的量时，反起瓶口，内旋转瓶身约30度。

⑥迅速用酒布擦拭瓶口。

2）托盘斟酒

①左手按托盘规范托盘后立于餐位右侧，稍偏右后方，两脚呈八字步或丁字步站立，上身自然挺拔，立腰收

腹,严禁含胸,侧体、送胯。

②托盘及肩部尽量向外侧拉开,与宾客头部错开较远的距离。

③右手持酒将酒顺杯壁或向杯中缓缓流入,瓶口高于杯口1~2 cm,斟至规定的量时,瓶口稍提高并内旋约30度将瓶收回。

任务拓展

1.瓶口与杯口为什么要相距1~2 cm为宜?

2.谢先生给父亲庆祝70大寿,邀请了亲朋好友到餐厅用餐,并点了一瓶茅台酒。请练习倒白酒,为客人提供满意的服务。

企业建议

1.实训中可采用学生配对计时方法训练。

2.实训方法灵活多变,如采取正反演示、对对竞赛等方式。

3.示酒时一定充分展示酒的相关信息,以便客人确认。

注意事项

斟酒技能训练注意事项

1.斟酒时,酒瓶不可拿得过高,以防酒水溅出杯外。

2.为客人斟酒不可太满,瓶口不可碰杯口。

3.因啤酒泡沫较多,斟倒时速度要慢,让酒沿杯壁流下,这样可减少泡沫。

4.当客人祝酒讲话时,服务员要停止一切服务,端正站立在适当的位置上,不可交头接耳,要随时注意保证每个客人杯中都有酒水;讲话即将结束时,要向讲话者送上一杯酒,供祝酒之用。

5.主人离位或离桌去祝酒时,服务员要托着酒,跟随主人身后,以便及时给主人或其他客人续酒;在宴会进行过程中,看台服务员要随时注意每位客人的酒杯,见到杯中酒水只剩下1/3时,应及时添酒。也可将酒分至各分酒器中,客人根据需要自己用分酒器添加酒水。

6.当因操作不慎将杯子碰倒时,立即向客人表示歉意,同时在桌面酒水痕迹处铺上干净的餐巾,因此要把握好酒瓶的倾斜度。

7.斟酒时应站在客人的右后侧,进行斟酒时脚呈大丁字步姿势,切忌左右开弓进行服务。

8.手握酒瓶的姿势。首先要求手握酒瓶中下端,商标朝向客人,便于客人看到商标,同时可向客人说明酒水特点。

9.斟酒时要注意瓶内酒量的多少,以控制酒出瓶口的速度。因为瓶内酒量的多少不同,酒的出口速度也不同,瓶内酒量越少,出口的速度就越快,倒酒时越容易冲出杯外。所以,要掌握好酒瓶的倾斜度,将酒液缓缓注入酒杯。

知识强化

　　根据本节知识完成以下测试题。

　　1.斟酒的步骤为检查、开瓶、示酒、斟酒。（　　　）

　　2.啤酒斟酒量一般为5分酒液、5分泡沫。（　　　）

　　3.斟酒的方法有徒手斟酒和托盘斟酒两种。（　　　）

✂ 评价反馈

斟酒训练能力评价表

姓名:_____　时间:_____年___月___日

项目	细节要求	满分	小组评价	自我评价
徒手斟酒 (举手斟酒) 或者托盘斟酒	仪容仪表	20分		
	握瓶姿势	5分		
	斟酒姿势及位置	5分		
	斟酒顺序	10分		
	瓶口距杯口距离	10分		
	回瓶动作	10分		
	斟倒量控制	15分		
	无倒杯现象	10分		
	无滴酒现象	10分		
	结束后台面整理	5分		
合计		100分		
最后得分（小组评分×70% + 自我评价×30%）:				
评语:				

注: 满分为100分, 60~69分为及格、70~79分为中等、80~89分为良好、90分及以上为优秀。

任务6　中餐上菜与分菜

任务导入

缺席的冷菜

某公司高层刘先生计划星期五晚上六点宴请客人,便订了一家高级餐厅,告知餐厅六点用餐。餐厅恰好在星期五晚上接到了几桌生日宴会的订餐,当刘先生一行到达餐厅时,发现所订包厢的桌上空无一物,询问服务员才得知,因为餐厅临时接办生日宴会,忘了先给他们上冷菜。

分析:餐厅应该在开餐前15分钟摆好冷菜。

任务探究

上菜、分菜是餐厅服务人员的基本功,是中餐零点餐服务和宴会服务中不可缺少的内容。在中餐零点餐和各类宴会服务中熟练掌握上菜、分菜的技能,不仅可以让客人适时品尝美味佳肴,也可以让客人领略美味佳肴中的饮食文化,而且高超、娴熟、优美的上菜、分菜技能还能带给客人赏心悦目的艺术享受。

任务要求

1.掌握中式菜肴服务操作程序。

2.熟练掌握上菜要领和分菜要领。

建议课时

2课时。

任务准备

1.上菜物品准备(以10人标准宴会台所需物品为例):直径180 cm圆形餐桌1张、转台1个、餐椅10把、花瓶1个、240 cm×240 cm台布1块、骨碟10个、大小菜盘若干个、各色冷热菜肴的图片若干张(贴放于菜盘内)、托盘2个;(配套准备5套)。

2.分菜物品准备(以10人标准宴会台所需物品为例):直径180 cm圆形餐桌1张,转台1个,餐椅10把,花台(瓶)1个,240 cm×240 cm台布1块,骨碟10个,12寸菜盘1个,汤盆1个,汤碗10个,餐勺、餐叉、餐刀各1把,汤勺1把,筷子1双,

记一记

榨菜丝若干，萝卜丁若干，托盘两个。

3.场地准备：能容纳40~50人进行技能训练的酒店餐厅或学校实训室。

4.分组安排：将学生分成4个小组，每组10人，其中1人进行上菜、分菜实训，9人充当"客人"坐在椅子上，对操作者进行评议，10人轮流实训。

任务实施

一、知识呈现

1.上菜服务（图2-25）

上菜服务

图2-25　上菜服务

中餐上菜服务

上菜程序	冷菜→热菜→汤→点心→水果，粤菜习惯先汤后菜。	
上菜规则	先冷后热，先菜后点，先咸后甜，先炒后烧，先清淡后油腻。	
上菜位置	以不打扰客人为原则。可以在位于主人位成90度角的位置进行，也可以在副主人的右侧进行，严禁在主人和主宾之间或来宾之间上菜。	
上菜时机	（1）上冷菜：中餐零点餐应在开出点菜单后5分钟内上好冷菜；中餐宴会则应在开餐前15分钟摆好冷菜并斟好酒。 （2）上热菜：中餐零点餐应等冷菜食用剩1/3～1/2时上热菜；中餐宴会则应等冷菜食用剩1/2时上热菜。	具体操作参见图2-25
上菜节奏	中餐零点餐小桌客人的菜在20分钟左右上完，大桌客人的菜在30分钟左右上完。 中餐多台宴会则应服从于主桌，一般先主桌再其他桌。	
上菜要领	（1）仔细核对桌号、品名和分量，避免上错菜。 （2）整理台面，留出空间，如果满桌，可以大盘换小盘、合并或帮助分派。 （3）先上调味料，再用双手将菜肴端上。 （4）报菜名，特色菜肴应做简单介绍。 （5）大圆桌上菜时，应将刚上的菜肴用转盘转至主宾面前。 （6）餐桌上严禁盘子叠盘子，应随时撤去空菜盘，保持台面美观。 （7）派送菜肴应从主宾右侧送上，依次按顺时针方向绕台进行。	

2.分菜服务（图2-26）

分菜服务

图2-26　桌旁分汤服务

具体操作参见图2-26。

餐叉与餐勺的用法：用右手握餐叉、餐勺的柄部，依靠右手的五个手指配合来控制餐叉和餐勺。

长把汤勺与筷子的用法：长把汤勺单独使用时，一般是右手握勺把。长把汤勺与筷子配合使用时，一般是右手握筷子，左手拿勺，配合进行分菜。

中餐分菜餐具准备：分炒菜前，应准备分菜所需相应数量的骨碟。分汤菜前，应准备分汤菜所需相应数量的汤碗。

中餐分菜工具准备：分炒菜应准备餐叉与餐勺，也可以使用筷子与长把汤勺。分汤菜时，应准备长柄汤勺。分鱼、禽类菜肴时，要准备餐刀、餐叉、餐勺。

中餐分菜方式：转盘式分菜、桌旁式分菜、餐桌分菜、各客式分菜。

几类菜肴分菜方法及要领如下：

汤类菜肴：一般用长把汤勺和筷子配合使用，注意汤和菜的数量搭配均匀，要求至汤碗八成。

炒菜类菜肴：一般用餐叉、餐勺搭配或用筷子和餐勺搭配使用。

造型菜肴：各菜系均有不同的做法，严格按照用餐人数均匀分菜。

拔丝类菜肴：冷开水中浸一下，放入客人的盘碟中，动作要利索、敏捷，把菜夹起拉丝，泡过凉开水后迅速分到餐碟里。

分鱼：各地分鱼方法不尽相同，通常要经过切→拨→剔→切→分几个步骤。一般可用左手握餐叉将鱼肉切成10等份（按10人标准），并用餐叉、餐勺将鱼肉分别盛于餐碟中送予客人。分干烧鱼、油浸鱼与分清蒸鱼步骤相同。

二、技能训练

1.实训内容安排

序号	技能名称	实训内容及要求	课时安排
1	中餐上菜服务	完成5位中餐厅客人的上菜服务。 核对桌号、菜肴名称，核对分量与外观是否符合标准。实训重点是上菜位置、摆放菜肴、展示介绍菜肴等。	5课时（课后训练）
		完成10位中餐厅客人的上菜服务。 由于人数多，点的菜肴多，特别要加强训练展示介绍菜肴和桌面菜肴的调整。	
2	分鱼服务	利用家庭聚餐和其他就餐机会训练分鱼服务。	5课时（课后训练）
		特别展示整条鱼、整鱼剔骨、分鱼的具体操作。	
		拍摄详细的分鱼服务步骤和分鱼分量均匀的照片或视频，与同学们分享，交流心得。	

2.实训步骤

1）上菜

①教师示范上菜操作技能,并讲解上菜、撤菜要领。

②学生以小组为单位进行模拟实训。

③小组中1人进行上菜练习,1人协助,另外2人参照技能考评标准进行评议和纠错,4人轮流实训。

④教师根据学生学习训练的情况进行巡回检查和指导。

为提高学生的训练兴趣,可以开展以小组为单位的分段程序和全程序操作竞赛。学生学会了中餐上菜后,再以中级工的技能考核要求训练他们的上菜速度及质量。

记一记

2）分菜

①教师示范分菜工具的使用和分菜操作技能,并讲解分菜要领。

②学生以小组为单位进行模拟实训。

③小组中1人进行分菜练习,1人协助,另外8人参照技能考评标准进行评议和纠错,10人轮流实训。

④教师根据学生学习训练的情况进行巡回检查和指导。

⑤为提高学生的训练兴趣,可以开展以小组为单位的分段实训和全程序实训竞赛。

⑥学生熟练掌握了一种分菜方法后,再学习训练第二种分菜方法,以此逐步掌握三种分菜方法（分鱼、分汤、炒菜）。

任务拓展

1.站在客人的右侧应怎样操作分菜?

2.对客服务操作示范。

对客服务

企业建议

1.实训中应有目的地将学生分组到附近的饭店进行观摩学习。

2.实训方法灵活多变,可采取正反演示、对对竞赛等方式。

3.可利用网络搜索视频展示学习上菜分菜,提前对岗位进行角色认知学习。

注意事项

中餐上菜技能训练注意事项

1.上菜时,使用托盘操作,应该左手托盘、右手端菜盘上菜。不用托盘的则应该用双手端菜盘上菜。

2.上菜时是侧身站立于两椅之间，不要倚靠在客人身上。

3.上菜时应注意盘底、盘边要干净。

4.上菜时手法要规范，符合卫生要求（事先检查仪容仪表是否符合规范操作要求）。

5.摆放菜盘时要求端平轻放，以免汤汁滴洒在餐桌或客人的衣物上，切忌用"推"等手法摆放菜盘。

6.转动转盘时要求用右手轻轻转动转盘，左手置于背后，姿势规范优美。

7.介绍菜肴时眼睛要注视客人，并注意语言清晰、简练，不可含糊啰唆。

中餐分菜技能训练注意事项

1.分菜服务时要注意卫生，餐具、用具要干净无污染。

2.分送菜肴时，不可从客人肩上、头上越过。

3.分菜时动作要干净利落，不可拖带菜汁，或将菜汁滴落在桌面上或溅洒在客人的衣物上。

4.分菜服务（刀叉分菜）时，不可发出太大声响或刺耳声响，同时要保持餐盘内外的整洁、美观。

知识强化

根据本节知识完成以下测试题。

1.拔丝类菜品的分菜要领是冷开水中浸一下，放入客人的盘碟中，动作要利索、敏捷，把菜夹起拉丝，泡过凉开水后迅速分到餐碟里。（   ）

2.分鱼一般经过拨、剔、切、分四个步骤。（   ）

3.中餐零点餐应在开出点菜单后（   ）分钟内上好冷菜。

    A.5   B.10   C.15

评价反馈

上菜考核标准能力评价表

姓名：＿＿＿＿＿＿　　时间：＿＿＿＿年＿＿月＿＿日

项目	细节要求	满分	小组评价	自我评价
上菜考核标准	仪容仪表	20分		
	上菜位置	10分		
	端菜手法	5分		
	上菜姿势	5分		
	报菜名	5分		
	礼貌用语	10分		
	示菜方法	10分		
	摆放要求	10分		
	撤菜位置	10分		
	撤菜手法	5分		
	撤菜姿势	5分		
	结束后台面整理	5分		
合计		100分		
最后得分（小组评分×70%＋自我评价×30%）：				
评语：				

注：满分为100分，60~69分为及格、70~79分为中等、80~89分为良好、90分及以上为优秀。

分菜考核标准能力评价表

姓名：_____ 时间：_____年___月___日

项目	细节要求	满分	小组评价	自我评价
分菜考核标准	仪容仪表	20分		
	分菜	5分		
	分菜工具的使用	10分		
	转盘式分菜	10分		
	桌旁式分菜	10分		
	餐桌分菜	10分		
	份数数量的把握（1/10）	10分		
	份数数量的把握（分完）	10分		
	礼貌用语	10分		
	结束后台面整理	5分		
合计		100分		
最后得分（小组评分×70%＋自我评价×30%）：				
评语：				

注：满分为100分，60~69分为及格、70~79分为中等、80~89分为良好、90分及以上为优秀。

项目小结

通过对本项目知识的学习和技能实训,培养学生初步具备餐饮服务人员必备的基本技能;能够较好地掌握各项基本技能中的要点;能够熟悉、掌握餐饮服务人员应该具备的相关菜肴、餐厅卫生、餐厅安全等服务知识;熟知相关技能中所包含的要点,并能够在模拟训练中加以实践,增加在实际工作中的主动性、全面性和适应性,最终在实际工作中能够灵活运用、提高客人的满意度以及餐厅的经济效益及社会声誉,同时不断地促进自身的专业成长。

知识链接(双语)

餐饮服务员的实习内容

1.开餐前做好全面的卫生工作,保证提供优雅干净的卫生环境。

2.服从领班安排,按照工作程序与标准做好各项开餐准备工作:按标准换台布、摆台;清洁餐厅桌椅和转盘。

3.开餐后,按服务程序及标准为客人提供优质服务:点菜、上菜、酒水服务、结账;准确了解每日供应菜式,与传菜员密切配合。

4.尽量帮助客人解决就餐过程中的各类问题,必要时将客人投诉的问题反映给领班,寻求解决办法。

5.当班结束后,与下一班做好交接工作和收尾工作。

6.迅速补充餐具和台面用品,保证开餐后的整洁和卫生。

Internships for Catering Waiters

1. Do comprehensive sanitation before meals, do a good job of sanitation in the area in which you are responsible, and ensure an elegant and clean sanitation environment.

2. Obey the arrangement of the foreman, and do various meal preparations according to work procedures and standards: change the tablecloth and set the table according to the standard; clean the dining room tables, chairs and turntables.

3. After the meal, according to the service procedures and standards to provide guests with high-quality services: ordering, serving, wine service, checkout. Accurately understand the daily serving dishes and work closely with the delivery staff.

4. Try to help guests solve all kinds of problems in the dining process, and when necessary, report the guests' problems and complaints to the foreman to seek solutions.

5. After the shift is over, do handover and finishing work with the next shift.

6. Quickly replenish tableware and countertops to ensure cleanliness and hygiene after meals.

好书推荐

《中国服务纵横谈Ⅱ》

　　《中国服务纵横谈Ⅱ》是在第三届"中国服务发展论坛"成果的基础上，集中"中国服务"各行业精英的智慧整理出版的。期望通过与读者的共同努力，一起推动"中国服务"理论研究的深化以及"中国服务"这项宏伟工程的科学发展。2012年8月25日在泰安举行的第三届"中国服务发展论坛的代表意识到在全球一体化背景之下，服务业与服务贸易的发展"已经成为各个经济体中结构优化的重点，也是衡量一个国家发展水平的重要标志。

设计篇

匠心筑梦，行业楷模不负青春大有作为
——叶丹茗

叶丹茗女士为叶脉文旅教育创始人，国际裁判，第46届世界技能大赛酒店接待项目中国技术指导专家组组长和总教练，第45届世界技能大赛酒店接待项目中国技术指导专家组组长，第45届世界技能大赛酒店接待全国选拔赛裁判长，国家职业技能鉴定高级考评员及题库专家，国家级文化主题饭店评审员，国家级绿色饭店评审员，国家级职业礼仪文化导师，资深行业管理及教育培训专家。

叶丹茗老师对酒店技能和管理人才培养有系统研究和丰富实践，对酒店文化研究、主题活动策划、高端管家服务、高端会议商旅托管、酒店投资等领域也有广泛涉猎和开拓性探索。近年来，帮助近百家高星级酒店、政府机构、地产物业管理公司、银行、餐饮机构的专业培训体系进行顶层设计，取得良好效果。其个人在礼仪培训、旅游及酒店管理行业颇具影响力。

世界技能大赛如火如荼，2022年我国将在上海举办第46届世界技能大赛。通过"以赛促教、以赛促学、以赛促考、以赛促训"，将比赛积累的经验进一步融入行业和院校人才培养的全过程中，促进人才培养目标达成和教师实战业务能力的提升。鼓励更多师生参加竞赛，将竞赛的成效转化为教学的成果，推动学院教育教学改革、师资队伍和课程建设，培养出更符合产业发展需要的高素质技能人才。

> 劳动创造未来，技能成就人生。酒店行业大咖叶丹茗教授、青年技能大师等的成长经历告诉我们，每个人都有人生出彩的机会，每一次成功都必须要经过技能的千锤百炼、技艺的千雕万刻，敢于梦想、为国服务，静心定力、吃苦耐劳、坚持到底、厚积薄发，甘于奉献、敢于精益求精、勇于创新突破，方可得匠心神技、成就一生。请同学们向大师学习，向劳模学习，不负时代、不负韶华，做最好的自己。

设计篇
教学参考

项目三　宴会主题设计

项目描述

　　为弘扬中国传统文化，宴会主题设计既可以使人心情愉悦、满足口腹之欲，又能受到精神文化的熏陶，陶冶情操，给人以精神上、艺术上的享受。大到国宴、正式宴会，小到民间举办的家宴，远到唐代举办的烧尾宴，近到一年一度举办的迎春宴，都有明确的主题，都是为了实现社交目的，这也正是宴席自产生以来长盛不衰，普遍受到就餐者的重视并广为利用的一个重要原因。

学练目标

知识目标：

◇ 能熟练掌握插花的基本知识；

◇ 熟悉不同场景布置各自独有的特点；

◇ 熟悉宴会餐巾花的选择与设计。

技能目标：

◇ 能具有一定的专业插花技巧；

◇ 具备场景布置的应用能力，动手实践能力；

◇ 能熟练运用餐巾折花的基本技法和要领。

思政目标：

◇ 培育弘扬劳模精神、劳动精神、工匠精神；

◇ 精益求精，追求卓越，向技能大师学习，做最好的自己；

◇ 不负青春，融入时代主题，服务国家战略，助力新时代产业发展。

任务1　主题插花

任务导入

餐桌插花

在餐厅消费,很大程度上人们消费的是餐厅的整体服务,并不仅限于食品,因此在整个餐厅的就餐氛围上要做好相应的布置。在餐桌上摆一瓶色泽鲜艳的插花或盆花,如月季、杜鹃、米兰等,其艳丽的色彩,清馥的香味,可使人的大脑放松,并能增加消费者的食欲。

分析:餐桌插花可以让人的大脑放松,增加消费者食欲,所以餐桌插花既直观而且重要。

任务探究

饭店主题插花根据宴会主题不同,分别对其环境进行美化,使饭店的就餐环境富有个性和情调。服务人员要使其作品和所处的环境融为一体,就要考虑所布置环境的特点、插花的造型、色彩搭配以及所表现的艺术韵味等。运用主题插花的形式来表达艺术感,烘托出不同环境的艺术气氛,使客人产生愉悦的心情,置身于美好生活之中。

任务要求

1.掌握插花的基本知识和专业技巧。

2.能根据主题设计合适的插花。

建议课时

2课时。

任务准备

1.全班3~5人一组,每组指派一名学生作为组长负责。

2.事先给每组学生准备不同品种的鲜花若干和插花工具。

3.以小组的形式共同完成一件主题插花作品。

4.每组同学根据不同的选题,完成作品并命名,同时撰写出插花的主题文化内涵。

主题插花

任务实施

一、知识呈现

1.主题插花基本知识（图3-1、图3-2）

中餐主题插花的基本知识

中餐餐台常用花台形式	主题插花基本造型	主题插花的种类	主题插花的技巧
花坛式花台 古钱式花台 七星花台 梅花形花台 花环式花台 插花式花台	水平型 三角型 L型 扇型 倒T字型 垂直型 椭圆型 倾斜型	瓶式 盆式 盆景式 盆艺式	花色组合 （单色组合、类似色组合、中性色组合等） 花材与花器的色彩调和 插花基本道具 花材形态选择 常见鲜花代表含义 插花中尺寸的确定

图3-1

图3-2

2.主题宴会花台的设计原则

（1）花台应突出宴会主题。宴会花台主题的确定是依据宴会的主题，如大型中式国宴花台可制作为端庄大方、艳丽多彩、体量大、花材种类多样化的以圆形为主的花台，以突出庄严隆重、和平友好的主题。

（2）花台应与主题宴会餐台设计风格相吻合。主题宴会台面造型设计虽多种多样，但大致分为中式台面造型设计、西式台面造型设计和日式台面造型设计三大类，而插花的风格也有东方与西方之别、现代与传统之分。所以,宜采用与餐台造型设计风格相同的花台造型。

（3）花台应不阻挡宾客视线。主题宴会花台造型设计时,花的总体高度最好不超过25 cm左右,若超过,应用高杆挑起。花台过高既会影响用餐者的视线,也不利于用餐者的感情交流。

（4）花台应讲究卫生,防止食品污染。由于主题宴会餐台上主要供给的是食品,关系到进餐者的健康。所以应充分注意插花盛器、花泥、鲜花、浇花水的选择及操作卫生,防止食品污染。

记一记

二、技能训练（图3-3）

技能训练

图3-3 给定花材设计不同的主题插花

91

1.实训内容安排

序号	技能名称	实训内容及要求	课时安排
1	零点餐桌插花	选择所需的花材	1课时
		设计造型	
2	主题宴会插花	根据构思确定作品主题	1课时
		选择所需花材	
		设计造型	

实训步骤

2.实训步骤（图3-4、图3-5）

①各组每位学生在自己事先准备的白纸上构思一幅创意主题作品。

②每人将完成的样稿在小组中逐个进行讲解和讨论,并确定一套最佳方案,作为插花主题使用。

③小组成员根据确定方案具体计算所需花材、器皿以及插花辅材。

④教师根据每组确定的方案逐个检查和修改,并给出修改意见。

⑤根据所需花材选择适当数目的花材备用,修剪去掉花卉的残枝败叶,根据不同式样进行长短剪裁,根据构图的需要进行弯曲处理。

⑥准备相应的插花器皿和辅材备用(做适当处理)。

⑦确定所需花材,选好插衬景叶和枝条。

⑧根据主题设计,小组共同协作进行插花。

⑨小组确定完成插花作品的名称与主题文化内涵。

⑩清理现场,保持环境清洁,使用工具分类归类。

图 3-4 主题（订婚宴）宴会设计

图 3-5 主题（升学宴）宴会设计

任务拓展

1.分析东方式插花与西洋式插花的不同与相同之处。

2.学习果蔬插花。

企业建议

1.实训前收集了解各种类型的主题插花。

2.实训过程中注意清洁卫生。

3.加强美育修养提升，善于发现、欣赏、创造生活中的美。

注意事项

主题插花技能实训注意事项

1.每个插花作品必须确定一个主题，从花的选择到形成作品，小组成员都要参与，体现小组共同协作的团队精神。

2.在整个操作过程中注意动作的规范以及操作技巧，同时注意不得随意浪费花材。

3.插花过程中注意插花工具的使用安全，使用完以后必须放置在固定位置，以免造成不必要的伤害。

4.完成后小组学生必须根据作品展现的效果，适当地喷洒清水，使其作品达到最佳的视觉效果。

知识强化

根据本节知识完成以下测试题。

1.插花三大基本技能包括（　　　）、（　　　）、（　　　）。

2.适宜做焦点的材料是（　　　）。

   A.百合　　　　B.勿忘我　　　　C.文心兰　　　　D.满天星

3.主题宴会花台造型设计时，花的总体高度最好不超过（　　　）cm左右。

   A.20　　　　B.25　　　　C.30

评价反馈

主题插花能力评价表

姓名：_____　时间：_____年___月___日

项目	细节要求	满分	小组评价	自我评价
主题插花考核标准	仪容仪表	20分		
	主题表现贴切，意境深邃	10分		
	造型新颖别致，设计构思巧妙	10分		
	色彩搭配合理、协调，视觉效果良好	10分		
	花材选用新鲜，质量好，符合作品应用要求	20分		
	插衬景叶和辅材搭配合理	5分		
	技艺熟练，做工干净、利落且稳定	10分		
	主题名称新颖，文化内涵表达较好	10分		
	结束后台面整理	5分		
合计		100分		
最后得分（小组评分×70%＋自我评价×30%）：				
评语：				

注：满分为100分，60~69分为及格、70~79分为中等、80~89分为良好、90分及以上为优秀。

任务2　场景布置

任务导入

国　宴

国宴是国家元首或政府首脑为国家庆典或为欢迎外国元首、政府首脑而举行的宴会。这种宴会规格最高,不仅由国家元首或政府首脑主持,还有国家其他领导人与有关部门的负责人以及各界名流出席,有时还邀请各国使团的负责人及各方面人士参加。

国宴布置会在国宴厅内悬挂国旗,安排乐队演奏两国国歌及席间乐,席间有致辞或祝酒。国宴的礼仪要求特别严格,安排特别细致周到,宴会厅布置体现庄重、热烈的气氛。

分析:国宴是我国最高级别的宴请,场景布置尤为重要。在普通宴会中,场景布置也不能随意,宴会主人都会有一些要求。

任务探究

饭店场景布置是饭店服务人员的一项基本技能。饭店服务人员需要了解进餐的环境氛围,它与进餐活动有密切的关系。了解国宴、正式宴会、便宴在场景布置上各自的特点。学会根据宴会的性质和规格的高低进行宴会的场景布置,掌握一般主题宴会,如婚宴、寿宴,节日宴和商业庆典宴、接风宴等的场景布置。

任务要求

1.学会几种常见宴会的场景布置。

2.能根据主题完成宴会设计方案。

建议课时

2课时。

任务准备

1.将学生分成若干组,每组10人,每组指派一名学生作为组长负责。

2.每位学生带好纸笔,准备一台数码相机或摄像机。

3.进行安全守纪教育,一切活动以不影响饭店工作为前提。

4.以小组为单位指定一位同学准备总结交流发言。

任务实施

一、知识呈现

宴会场景布置基本要求与分类

场景布置要素		常见宴会场景	
盆景花草		休息室	
画屏字画	1.要根据宴会厅的形状、使用面积和宴会要求设计台型。 2.要突出主台，又要排列整齐、间隔适当。 3.要方便宾客就餐，又要便于服务员席间操作。 4.宴会每桌占地面积标准为10～12 m²，桌与桌之间距离为2 m以上。 5.重要宴会的主通道要适当宽敞一些，同时铺上红地毯，突出主通道。	国宴	
灯光音响		正式宴会	
温度色彩		一般主题宴会	婚宴
设施设备			寿宴
其他装饰物			欢迎宴

二、技能训练

1.实训内容安排

序号	技能名称	实训内容及要求	课时安排
1	生日宴场景设计	分小组根据生日宴会要求合理进行宴会场景设计	1课时
		每组讨论场景设计稿并确定方案	
		完成生日宴的设计方案并阐述如何实施	
2	婚宴场景设计	分小组根据婚宴要求合理进行宴会场景设计	1课时
		每组讨论场景设计稿并确定方案	
		完成婚宴的设计方案并阐述如何实施	

2.实训步骤

（1）根据生日宴要求合理进行宴会场景设计的撰写与讨论。

（2）进行场景设计讨论的分析与总结。

（3）各小组完成设计方案的阐述（书面报告或以幻灯片方式展示）。

（4）教师对设计方案进行合理性检查评价。

实训步骤

任务拓展

国旗的悬挂按照国际惯例，以右为上、左为下为原则。若由我国政府宴请来宾时，我国的国旗挂在左方，外国的国旗挂在右方。若来访国举行答谢宴会时，则相互调换位置。

企业建议

1.根据宴会场景拓展延伸相关场景知识。

2.场景布置注意整体性、地域特点、民族风格、时代特征等。

3.关心国家大事、留心生活小事，做"有心人"。

注意事项

场景布置技能实训注意事项

1.宴会场景布置应根据餐饮内容设计相应主题，要突出主题，考虑进餐者的心理需求。

2.一切装饰布置都应该围绕宴会主题进行，突出为宾客提供餐饮活动服务，应有助于使宾客心情舒畅。

3.场景布置应形成统一和谐的风格，避免花哨或者单调。

4.大型宴会的布置要突出主桌和主席位。正面墙壁以装饰为主，对面墙次之，侧墙面再次之。餐厅照明应强于过道走廊照明，而餐桌照明则应强于餐厅其他空间照明。

5.按小组设计主题宴会的场景布置，组内讨论方案的合理性和可行性并确定设计方案，用书面报告或者幻灯片的方式完成设计方案的展示。

知识强化

根据本节知识完成以下测试题。

1.宴会桌与桌之间的距离为（　　　）m以上。

    A.1　　　　　　　　B.2　　　　　　　　C.3　　　　　　　　D.4

2.国旗的悬挂按照国际惯例，以右为上，左为下为原则。（　　　）

3.大型宴会的布置要突出主人位和副主人位。（　　　）

✄ 评价反馈

宴会场景布置能力评价表

姓名:＿＿＿＿＿＿　　时间:＿＿＿＿年＿＿月＿＿日

项目	细节要求	满分	小组评价	自我评价
宴会场景布置考核标准	仪容仪表	20分		
	主题突出,气氛协调	10分		
	设施设备完好齐全	10分		
	温度舒适,色彩愉悦	5分		
	盆景花草,画屏字画使用恰当	5分		
	灯光音响与环境布置风格相协调	10分		
	其他装饰物选择适合主题特点	10分		
	场景布置与宴会性质一致	10分		
	整体效果和谐统一	10分		
	完成书面设计方案、阐述展示方案	10分		
合计		100分		
最后得分(小组评分×70% + 自我评价×30%):				
评语:				

注:满分为100分,60~69分为及格、70~79分为中等、80~89分为良好、90分及以上为优秀。

任务3 餐巾折花主题设计

任务导入

婚宴的餐巾折花

　　某高级酒店接到一场婚礼的预订，新人希望这场婚礼能给人高档、温馨的感受。餐饮部经理要求员工在餐桌布置上有所创新。餐饮部员工小刘负责主桌餐巾花的设计，主人位她选择了"青梅竹马"，两根竹子相互依偎，祝愿新人竹梅双喜；副主人位采用了"比翼双飞"，寓意新人情投意合，夫妻恩爱。其他座位采用了百年好合、花开并蒂、天上双星、心心相印的餐巾折花，祝愿新人永远相爱。

　　分析：小刘设计的餐巾折花紧贴婚宴的主题，每一种折花都在表达对新人的美好祝愿。

任务探究

　　宴席餐巾折花主题设计是宴会礼仪中的一项重要内容，能给宾客带来美的享受，同时又为宴请聚餐增添庄重热烈的气氛和美好祝愿。在中餐主题宴会中，为了突出主题使台面丰富多彩，通常通过选择和宴会主题相搭配的餐巾花来突出主题。服务员需要掌握中餐宴会餐巾花选择和运用的能力，以便为客人提供更称心如意的餐饮服务。

任务要求

　　1.根据不同主题设计合适的餐巾折花。

　　2.完成主题宴会基本种类餐巾折花。

建议课时

　　2课时。

任务准备

　　1.将学生分成若干组，每组5人，每组指派一名学生作为组长负责。

　　2.每位学生带好纸笔，准备一台数码相机或摄像机。

　　3.进行安全守纪教育，一切活动以不影响饭店工作为前提。

　　4.以小组为单位指定一位同学准备交流学习心得。

任务实施

一、知识呈现

1.宴会餐巾花的选择

选择依据	花型要求
根据宴会的性质来选择花型	欢迎宴、答谢宴，表示友好可以选用友谊花篮、和平鸽等；婚宴可以选用"鸳鸯""喜鹊""比翼双飞"等。
根据宴会的规模来选择花型	一般大型宴会可选用简单、挺拔、美观、统一的花型，主桌可以选主位花型、来宾花型两种。
根据花式冷拼选用与之相配的花型	如宴会主题花式冷拼是"游鱼戏水"，餐巾花则可以选用金鱼等。
根据季节时令选择花型	用台面上的花型反映季节特色，使之富有时令感和真实感。主要植物花型能突出体现。
根据宾客的身份、风俗习惯和爱好来选择花型	例：美国人喜欢山茶花，忌讳蝙蝠；日本人喜爱樱花，忌荷花、梅花；法国人喜欢百合，讨厌仙鹤；英国人喜欢蔷薇、红玫瑰，忌讳大象、孔雀等花型。
根据宾客的宗教信仰选择花型，不能冒犯客人的宗教禁忌	信奉佛教的客人，宜用植物、实物类花型，不用动物类花型；如果是信奉伊斯兰教的客人，不用猪等禁忌造型。
根据宾主座位的安排来选择花型	主人座位上的餐巾花称为主花，主花要选择美观而醒目的花型，其目的是使宴会的主位更加突出。

2.主题宴会餐巾花的设计

既可以表达主办人员或主办单位的思想情感，又能标示出主人、主宾席位，烘托主题宴会的氛围。设计要考虑餐巾花颜色和餐巾花花型的搭配，在花型的摆设中，按照餐巾花摆设要求考虑花型的品种搭配、高低错落等因素。

记一记

二、技能训练

技能训练

图3-6

1.实训内容安排

宴会主题	餐巾花设计
小型婚宴	1.根据不同主题餐巾布颜色选择； 2.根据不同主题餐巾花类型选择； 3.确定主人花、副主人花和其他宾客花型； 4.餐巾花摆设能力训练。
小型春节宴会	
商业庆典宴	
迎宾宴	
小型寿宴	

2.实训步骤

（1）各组针对其中一种宴会形式进行花型选择设计和运用的讨论；

（2）每个小组各选派一位学生，代表本小组进行阐述，其他组就阐述进行提问、探讨选择和运用的合理性；

（3）教师提出设计方案的合理性建议并提出修改意见；

（4）每个小组根据其他小组的意见再次进行讨论和修改，最终确定本小组的选择花型；

（5）教师进行花型选择和运用能力的总结。

任务拓展

餐巾布的由来

据说在15世纪的英国，因为还没有剃刀，男人们都留着大胡子。在当时还没有刀叉的情况下手抓肉食时很容易把胡子弄得非常油腻，他们便扯起衣襟往嘴上擦，于是家庭主妇就在男人的脖子上挂块布巾。但由于布巾过于累赘，英国伦敦有一名裁缝想了一个主意，将餐巾裁成一块块小方巾，这种小方巾使用方便，逐渐演变成了现在宴席上用的餐巾。

企业建议

1.了解区分餐巾花的种类和特点。

2.实训过程中应注意清洁卫生要求。

3.能根据宴会主题设计出相关的餐巾花，有创新意识。

注意事项

餐巾折花主题设计技能训练注意事项

1.餐巾花主题设计应根据宴会主题设计相应主题进行，要突出主题，考虑主题相关进餐者的心理要求。

2.餐桌上要用到的餐巾花选择都应该围绕给定宴会主题进行，为宾客餐饮活动服务，应有助于使宾客心情舒畅。

3.在训练中，教师要对学生做及时的指导、纠正和点评，包括学生的操作行为规范、情绪、技巧等。

4.引导学生讨论内容具有针对性。

5.不操作时，不要玩弄餐巾布、水杯、筷子等，注意清洁卫生与安全。

知识强化

根据本节知识完成以下测试题。

1.主人座位上的餐巾花称为主花，主花要选择美观且醒目的花型，其目的是使宴会的主位更突出。（　　　）

2.餐巾折花的基本技法包括（　　　）、（　　　）、（　　　）、（　　　）、（　　　）、（　　　）等六大部分。

3.杯花放入杯中应不超过酒杯的（　　　）。

A.2/3　　　　　　　　B.1/3　　　　　　　　C.1/2　　　　　　　　D.1/4

✂ **评价反馈**

餐巾折花主题设计能力评价表

姓名：_____　时间：_____年___月___日

项目	细节要求		满分	小组评价	自我评价
折花主题设计考核标准	仪容仪表		20分		
	根据宴会主题类型针对性选择花型	花型的选择主题明确	10分		
		花型的品种搭配合理	10分		
		花型的高度符合要求	10分		
	花型折叠时技法准确		10分		
	花型摆放符合摆设要求		10分		
	餐巾花各有合适的名称		10分		
	餐巾花造型逼真、形象自然		5分		
	折叠出的餐巾花整体效果好		5分		
	收拾好台面、整理好实训物品		10分		
合计			100分		
最后得分（小组评分×70% + 自我评价×30%）：					
评语：					

注：满分为100分，60~69分为及格、70~79分为中等、80~89分为良好、90分及以上为优秀。

项目小结

本项目设计突出实践能力的培养、与学生的互动以及学生间的合作意识,采用企业实地参观学习与在仿真环境下实践等培养模式,力求在"真实情境"下实施实训课程的教学,让学生与岗位"零距离"接触,从宴会的主题插花、场景布置以及餐巾折花主题设计三个任务,都紧紧围绕主题宴会进行分步学习与实景实训,从而在项目二基本技能的基础上进一步加深对饭店服务的理解与自我岗位能力的提升。服务员需要具备中餐主题宴会的相关设计与操作的能力以便更好地为客人提供服务。

知识链接:(双语)

餐巾花的作用

1.装饰美化餐台。不同的餐巾花型,表现不同的宴会主题。形状各异的餐巾花,摆放在餐台上,既美化了餐台,又增添了庄重热烈的气氛,给人以美的享受。

2.烘托餐台气氛,突出宴会目的,起到无声语言的作用,对交流思想感情产生良好的效果。

3.卫生保洁的作用。餐巾是餐饮服务中的一种卫生用品。宾客用餐时,餐厅服务员将大餐巾可折起(一般对折)折口向外平铺在宾客腿上,小餐巾可伸开直接铺在宾客腿上,不可将餐巾挂在胸前(但在空间不大的地方,如飞机上可以如此),餐巾可用来擦嘴或防止汤汁、酒水弄脏衣物。

4.餐巾花型的摆放可标出主宾、主人的席位。在折餐巾花时应选择好主宾的花型,主宾花型高度应高于其他花型高度以示尊重。

5.沟通宾主之间感情的作用。象征意义和寓意,是基本的礼仪、习俗的表现与要求。

6.在西餐宴会中,餐巾有很多信号的作用。在正式宴会上,女主人把餐巾铺在腿上是宴会开始的标志。这就是餐巾的第一个作用,它可以暗示宴会的开始和结束。中途暂时离开,将餐巾放在本人座椅面上。

7.饭店服务艺术和情感化的表现之一。

The role of napkin flowers

1. Decorate and beautify the dining table. Different napkin patterns contain different banquet themes. The napkin flowers of different shapes are placed on the dining table, which not only beautifies the dining table, but also adds a solemn and warm atmosphere, giving people a beautiful enjoyment.

2. Heighten the atmosphere of the dining table, highlight the purpose of the banquet, play a certain role in silent language, and have a good effect on the exchange of thoughts

and feelings.

3. The role of cleaning. Napkins are a type of sanitation product in catering services. When the guests are dining, the restaurant waiter folds the large napkin （usually in half） and lays the fold out on the guests' leg, and the small napkin can be stretched out and directly laid on the guests' leg. Do not hang napkins on the chest. Napkins can be used to wipe the mouth or prevent soup, drinks from soiling clothes.

4. The placement of the napkin pattern can mark the seat of the guest and the host. When folding napkins, you should choose the pattern of the guest, and the height of the pattern of the guest should be higher than the height of other patterns to show respect.

5. The role of communication between the guest and the host. Symbolic meaning and implication are the performance and requirements of basic etiquette and customs.

6. In the western banquet, the napkin has many signal functions. At a formal banquet, the hostess puts a napkin on her lap to mark the beginning of the banquet. This is the first role of the napkin, which can suggest the beginning and end of a banquet. Put the napkin on the seat when leaving temporarily.

7. Napkin flower is one of the artistic and emotional expressions of hotel service.

好书推荐

《匠人匠心》

《匠人匠心》由邱杨、丘濂、艾江涛主编，推荐理由：用一生，做好一件事。

该书介绍了近20位中国传统手工艺人及他们继承的手工技艺。在展现传统手工艺之美的同时，细腻、真挚地描绘了他们兢兢业业、精益求精的态度，沉静而朴实的快乐与生活，传达出传统手工艺人的纯粹的精神之美。透过这本书，你不仅能邂逅工艺之美，更能遇见那隐藏的匠人之心。沉浸在手工艺的世界里，慢慢打磨自己的技艺。

成长篇

国赛看世赛，走进世赛看中国服务服务全球
——中国世赛选手的东方魅力

世界技能组织（WorldSkills International）成立于1950年，是非政府国际组织，截至2020年，共有85个国家和地区成员。其宗旨是通过成员之间的交流合作，促进青年人和培训师职业技能水平的提升；通过每两年举办一届世界技能大赛，在世界范围内宣传技能对经济社会发展的贡献，鼓励青年投身技能事业。

2010年中国加入世界技能组织，2011年中国首次参赛。中国参加世界技能大赛的10年，是技能人才辈出的10年，也是我国职业教育大发展的10年。我国技能青年一次次在世界技能舞台上展现了自己的风采，也让全世界看到了"中国制造"的巨大潜能，看到了中国技能的未来，看到了中国"建设知识型、技能型、创新型劳动者大军，弘扬劳模精神和工匠精神，营造劳动光荣的社会风尚和精益求精的敬业风气"的底气所在！

第46届世界技能大赛将于2022年10月12日至17日在上海举办（因疫情而取消），全世界技能界对"新青年、新技能、新梦想"的世技赛充满了期待，"能能"和"巧巧"张开双臂、竖起大拇指，热情迎接来自全球各地的选手与嘉宾共赴"世赛之约"，传递世技赛精益求精的工匠精神。

在工业现代化、制造强国战略背景下，近年来中国年轻一代在世界技能大赛争金夺银屡创佳绩，让世界见证中国产业创新升级、科学技术发展和职业教育人才培养的显著成果。中国特色职业教育"文化+技能""岗、课、赛、证"、产教融合、校企合作、中高职贯通、普职融通等技能人才培养模式，为每一位学子敞开了成才成功的大门，为中华民族伟大复兴提供了强大的人才和技能支撑，在不断创造"美好生活"中实现"共同富裕"。

成长篇
教学参考

项目四 宴会摆台综合实训

项目描述

　　摆台是为客人就餐摆放餐桌，确定席位，提供必要的就餐用具，包括摆放餐桌、铺台布、安排桌椅、准备餐具、摆放餐具、美化席面等。中餐摆台分为零点摆台、团队包餐摆台和宴会摆台等。中餐宴会摆台综合实训，要求餐饮服务专业学生通过中餐宴会主题摆台技能大赛、餐厅服务技能鉴定（1+X）证书考取，以及对口升学的技能考试，不断提升服务水平以及自我技能的突破。

学练目标

　　知识目标：

◇ 掌握中餐宴会主题摆台的技能；

◇ 具备餐饮服务的知识应用能力、信息获取和选择能力、动手实践能力。

　　技能目标：

◇ 具备行业企业实战能力；

◇ 能根据宾客需要设计中餐宴会主题台面，并且能根据设计方案摆出不同性质的、高质量的主题台面；

◇ 具有较强的临场应变实践能力与处理技巧。

　　思政目标：

◇ 介绍世界技能大赛，了解中国成绩，认识世界百年未有之大变局，激发学生立足岗位、干好工作、技能报国的热情。

◇ 积极参加各类竞赛，展示良好自身和集体形象，在更大的舞台上变得更强。

◇ 学习中国共产党百年奋斗的"四个伟大成就"的历史贡献，激发对党对祖国的热爱，对专业和工作的热爱，增强中国服务服务全球的实力和自豪。

任务1　中餐宴会主题摆台技能大赛

任务导入

努力获得的成绩

　　某中职学校有三名同学即将参加全市的中餐宴会摆台技能大赛。经过一年多的学习,他们已经掌握了中餐摆台最基本的技能,但在摆台的实际过程中,发现有同学出现托盘不稳的情况,在托送酒杯的途中,发现杯子在托盘中晃动。于是,他们便利用休息时间托运3 kg的矿泉水,练习手臂力量。就这样,他们逐项突破,在规定的时间内高质量完成了摆台并在市赛上取得了优异成绩。

　　分析:中餐主题宴会摆台项目多、时间紧,只有认真训练,逐项突破,才能取得优异的成绩。

任务探究

　　主题宴会不仅给宾客提供了美食和优质服务,还使宾客享受到别样的餐桌文化。因此,要想给客人耳目一新的感觉,必须在提高服务质量的同时,做好餐台创新工作,使客人不但能享受到美食,还能感受到与众不同的就餐氛围。中餐宴会摆台综合实训,要求餐饮服务人员通过中餐宴会主题摆台技能大赛,根据设计方案摆出不同性质的、高质量的主题台面。

任务要求

　　1.了解省赛的基本标准与要求。

　　2.了解国赛的基本标准与要求。

建议课时

　　2课时。

任务准备

　　1.全班3~5人一组,每组指派一名学生作为组长负责。

　　2.中餐宴会主题摆台实训配套物品五套(不同主题)。

　　3.以小组形式共同完成一件主题宴会摆台设计。

　　4.每组作品主题各有不同,完成作品后给作品命名,并撰写主题文化内涵。

任务实施

一、知识呈现

中职中餐宴会主题摆台技能大赛标准参考图4-1、图4-2。

图4-1　市级中餐宴会主题摆台技能大赛　　图4-2　全国中餐宴会主题摆台技能大赛

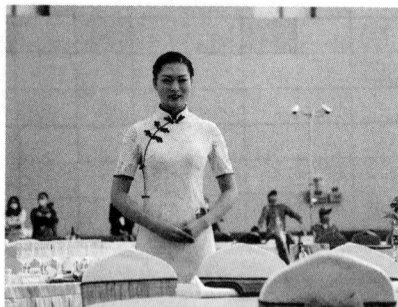

（1）省职业院校技能大赛"中餐宴会摆台"与服务现场实操评分标准

项目	操作程序及标准(80分)	分值	扣分	得分
台布及装饰布（7分）	可采用抖铺式、推拉式或撒网式铺设装饰布、台布，要求一次完成，两次扣0.5分，三次及以上不得分。	2		
	拉开主人位餐椅，在主人位铺装饰布、台布。	1		
	装饰布平铺在台布下面，正面朝上，台面平整，下垂均等。	2		
	台布正面朝上；定位准确，中心线凸缝向上，且对准正副主人位；台面平整；十字居中；台布四周下垂均等。	2		
餐碟定位（12分）	从主人位开始一次性定位摆放餐碟，餐碟间距离均等，与相对餐碟、餐桌中心点三点一线。	8		
	餐碟边距桌沿1.5厘米。	2		
	拿碟手法正确（手拿餐碟边缘部分）、卫生、无碰撞	2		
汤碗、汤勺、味碟（10分）	汤碗摆放在餐碟左上方1厘米处，味碟摆放在餐碟右上方，汤勺放置于汤碗中，勺把朝左，与餐碟平行。	5		
	汤碗与味碟之间距离的中点对准餐碟的中点，汤碗与味碟、餐碟相距均为1厘米。	5		
筷架、长柄勺、筷子、牙签（5分）	筷架摆在餐碟右边，其横中线与汤碗、味碟横中线在同一条直线上。筷架左侧纵向延长线与餐碟右侧相切。	1		
	长柄勺、筷子搁摆在筷架上，筷尾的右下角距桌沿1.5厘米。	2		
	筷套正面朝上。	1		
	牙签位于长柄勺和筷子之间，牙签套正面朝上，底部与席面更齐平。	1		

项目	操作程序及标准(80分)	分值	扣分	得分
葡萄酒杯、白酒杯、水杯（9分）	葡萄酒杯在餐碟正前方（汤碗与味碟之间的中点线上）。	2		
	白酒杯摆在葡萄酒杯的右侧，水杯位于葡萄酒杯左侧，杯肚间隔1厘米，三杯杯底中点成一水平直线。待杯花折好后，水杯和杯花一起摆上桌，杯花底部应整齐、美观，落杯不超过2/3处。	5		
	摆杯手法正确（手拿杯柄或中下部）、卫生。	2		
公用餐具（2分）	公用筷架摆放在主人和副主人餐位水杯正上方，距水杯杯肚下沿切点3厘米。先摆放杯花，再摆放公用餐具。	1		
	先勺后筷按顺序将公勺、公筷搁摆于公用筷架之上，勺柄、筷子尾端朝右。	1		
餐巾折花（16分）	花型突出正、副主人位，整体协调； 有头、尾的动物造型应头朝右（主人位除外）； 巾花观赏面向客人（主人位除外）； 巾花种类丰富、款式新颖； 巾花挺拔、造型美观、花型逼真； 操作手法卫生，不用口咬、下巴按、筷子穿。	1 1 1 4 3 1		
	折叠手法正确、一次性成型。如折杯花，待杯花折好后放于水杯中一起摆上桌。	4		
	手不触及杯口及杯的上部。	1		
菜单、花盆和桌号牌（3分）	花盆摆在台面正中。桌号牌摆放在花盆正前方、面对副主人位。	2		
	菜单摆放在正副主人的筷子架右侧，位置一致，菜单右尾端距离桌边1.5厘米。	1		
拉椅让座（4分）	拉椅：从主宾位开始，座位中心与餐碟中心对齐，餐椅之间距离均等，餐椅座面边缘距台布下垂部分1厘米。	2		
	让座：手势正确，礼仪规范。	2		
托盘（4分）	用左手胸前托法将托盘托起，托盘位置高于选手腰部，姿势正确。	2		
	托送自如、灵活。	2		
综合印象（8分）	台面摆台整体美观、便于使用、具有艺术美感。	3		
	操作过程中动作规范、娴熟、敏捷、声轻，姿态优美，能体现岗位气质。	5		
合计		80		
操作时间： 分 秒	超时： 秒 扣分： 分			
物品落地、物品碰倒、物品遗漏： 件 逆时针： 次 扣分： 分				
实际得分				

项目	仪容仪表评分标准（10分）	分值	扣分	得分
头发 （1.5分）	男士			
	1.后不盖领	0.5		
	2.侧不盖耳	0.5		
	3.干净、整齐，着色自然，发型美观大方	0.5		
	女士			
	1.后不过肩	0.5		
	2.前不盖眼	0.5		
	3.干净、整齐，着色自然，发型美观大方	0.5		
面部 （0.5分）	男士：不留胡须及长鬓角	0.5		
	女士：淡妆	0.5		
手及指甲 （1.0分）	1.干净	0.5		
	2.指甲修剪整齐，不涂有色指甲油	0.5		
服装 （1.5分）	1.符合岗位要求，整齐干净	0.5		
	2.无破损、无丢扣	0.5		
	3.熨烫挺括	0.5		
鞋 （1.0分）	1.符合岗位要求的黑颜色皮鞋（中式铺床选手可为布鞋）	0.5		
	2.干净，擦拭光亮、无破损	0.5		
袜子 （1.0分）	1.男深色、女浅色	0.5		
	2.干净、无褶皱、无破损	0.5		
首饰及徽章 （0.5分）	选手号牌佩戴规范，不佩戴过于醒目的饰物	0.5		
总体印象 （3.0分）	1.走姿自然，大方，优雅	0.5		
	2.站姿自然，大方，优雅	0.5		
	3.手势自然，大方，优雅	0.5		
	4.蹲姿自然，大方，优雅	0.5		
	5.礼貌：注重礼节礼貌，面带微笑	1.0		
合计		10		

专业理论和专业外语口试评分标准（20分）（二选一）										
	项目	10分	答案要点	清楚流利	反应敏捷	语音语调	标准时间	实际用时	扣分合计	得分合计
专业理论	简答题	5	2	1	1	1	3分钟			
	应变题	5	2	1	1	1				
	合计（满分10分）									
	项目	10分	语法词汇	反应敏捷	语音语调	语境应变	标准时间	实际用时	扣分合计	得分合计
专业英语	情景对话	10	3	2	3	2	3分钟			
	合计（满分10分）									

总分合计100分	摆台操作80分	礼仪展示10分	专业理论/英语问答10分	得分总计

（2）全国职业院校技能大赛"中餐宴会摆台"与服务现场实操评分标准

项目	操作程序及标准（74分）	分值	扣分	得分
准备工作台（8分）	从置物架上自选餐具物品准确。	2		
	运送过程中托盘使用规范、安全。	2		
	工作台面整理摆放合理、科学；操作安全、卫生。	4		
台布、装饰布（6分）	拉开主人位餐椅，在主人位铺台布和装饰布。可采用抖铺式、推拉式或撒网式铺设装饰布、台布，要求一次完成。若需第二次完成扣0.5分，两次未完成不得分。	2		
	拉开主人位餐椅，在主人位铺装饰布、台布。	1		
	装饰布平铺在餐桌上，正面朝上，台面平整，下垂均等。	1		
	台布正面朝上，铺在装饰布上；定位准确，中心线凸缝向上，且对准正副主人位；台面平整；台布四周下垂均等。	2		
餐碟定位（5分）	手拿餐碟边缘部分，从主人位开始一次性定位摆放餐碟。	2		
	相邻两餐碟间距相等，餐碟边距桌沿1.5厘米。	2		
	拿碟手法正确（手拿餐碟边缘部分）、卫生、无碰撞。	1		
汤碗、汤勺、味碟（4分）	汤碗摆放在餐碟左上方1厘米处，勺放置汤碗中，勺把朝左。	2		
	味碟摆放在汤碗的右侧，与汤碗相距1厘米，两者间距离的中点在经过餐碟圆心的台面直径上，汤碗、味碟的圆心及汤勺的中轴线在一水平线上。	2		

续表

项目	操作程序及标准（74分）	分值	扣分	得分
筷架、席面更、筷子、牙签（4分）	筷架摆在味碟右边，其横中线与汤碗、味碟横中线在同一条直线上。筷架左侧纵向延长线与餐碟右侧相切。	1		
	席面更、筷子搁摆在筷架上，筷尾的右尾端距桌沿1.5厘米。	1		
	筷套正面朝上。	1		
	牙签位于席面更和筷子之间，牙签套正面朝上，底部与席面更齐平。	1		
葡萄酒杯、白酒杯、水杯（5分）	葡萄酒杯摆放在汤碗和味碟之间距离的中点向上延长线上（经过餐碟圆心的台面直径上），白酒杯摆在葡萄酒杯的右侧，水杯位于葡萄酒杯左侧，手拿杯柄摆放。	2		
	三杯杯肚间隔1厘米，三杯杯底中点成一水平直线。水杯待杯花折好后一起摆上桌，杯花底部应整齐、美观，落杯不超过2/3处。	2		
	摆杯手法正确（手拿杯柄或中下部）、卫生。	1		
公用餐具（2分）	公用筷架摆放在主人和副主人餐位水杯正上方，距杯底3厘米。先摆放杯花，再摆放公用餐具。	1		
	先勺后筷顺序将公勺、公筷搁摆于公用筷架之上，勺柄、筷子尾端朝右。	1		
餐巾折花（10分）	花型突出正、副主人位，整体协调；	1		
	有头、尾的动物造型应头朝右（主人位除外）；	1		
	巾花观赏面向客人（主人位除外）；	1		
	巾花种类丰富、款式新颖；	2		
	巾花挺拔、造型美观、花型逼真，落杯在1/2~2/3处；	2		
	操作手法卫生，不用口咬、下巴按、筷子穿。	1		
	折叠手法正确、一次成型。杯花折好后放于水杯中一起摆上桌。	1		
	手不触及杯口及杯的上部。	1		
菜单、花盆和桌号牌（2分）	花盆摆在台面正中。桌号牌摆放在花盆正前方、面对副主人位。	1		
	菜单摆放在正副主人的筷子架右侧，位置一致，菜单右尾端距离桌边1.5厘米。	1		
拉椅让座（2分）	拉椅：从第一主宾位开始，座位中心与餐碟中心对齐，餐椅之间距离均等，餐椅座面边缘距台布下垂部分1厘米。	1		
	让座：面带微笑、注视宾客，手势正确，体现礼貌。	1		

项目	操作程序及标准（74分）	分值	扣分	得分
打开筷套、铺放口布（2分）	从第一位主宾开始，连续五个餐位，为每位客人打开筷套、铺放口布，操作规范、姿态优雅、手法卫生。	2		
托盘斟酒（4分）	将酒水装盘，从第一主宾位开始，连续五个餐位，每个餐位换瓶斟酒。顺时针方向前行，在客人右侧斟酒，先斟葡萄酒后斟白酒，共十杯。服务操作时托盘展开，姿势正确、保持平衡、位置合理。	2		
	左手托盘，右手持瓶斟酒，酒标朝向客人，斟酒时瓶口不碰杯口，相距2~3厘米。	1		
	斟酒量均匀，葡萄酒二分之一杯、白酒三分之二杯，斟倒时做到不滴不洒（每滴一滴扣0.3分，每滴一滩扣1分）。	1		
上菜（2分）	站在副主人位右侧上菜，上菜时姿势、动作正确、自然。	1		
	菜肴介绍内容准确，音量适中，上菜过程讲究卫生、礼貌。	1		
分冷菜（2分）	将菜盘撤回，在备餐车（或工作台）上用分菜叉、勺分菜，分5人分量，分量均匀。	1		
	从第一主宾位开始，连续5个餐位，为客人上菜，上菜姿势、动作正确、自然，讲究卫生、礼貌。	1		
分鲍汁烩饭（4分）	在备餐台用分菜叉、勺、碗，分5份烩饭，要求分量均匀；为剩余的五个餐位的客人上烩饭；制作烩饭操作规范、上菜姿势和动作正确、自然，干净利落、讲究卫生、礼貌。	4		
分甜羹汤（4分）	在备餐车（或工作台）分甜羹，用分汤勺；分10人份，分量均匀。	4		
托盘（2分）	用左手胸前托法将托盘托起，托盘位置高于选手腰部，姿势正确。	1		
	托送自如、灵活。	1		
综合印象（6分）	台面摆台整体美观、便于使用、具有艺术美感。	3		
	操作过程中动作规范、娴熟、敏捷、声轻，姿态优美，能体现岗位气质。	3		
合计		74		

操作时间：　　分　　秒　　　　　　　　超时：　　秒　　扣分：　　分

物品掉落、物品碰倒、物品遗漏：　　件　　　　　逆时针：　　次　　扣分：　　分

实际得分	

项目	仪容仪表评分标准（10分）	分值	扣分	得分
头发 （1.5分）	男士			
	1.后不盖领	0.5		
	2.侧不盖耳	0.5		
	3.干净、整齐，着色自然，发型美观大方	0.5		
	女士			
	1.后不过肩	0.5		
	2.前不盖眼	0.5		
	3.干净、整齐，着色自然，发型美观大方	0.5		
面部 （0.5分）	男士：不留胡须及长鬓角	0.5		
	女士：淡妆	0.5		
手及指甲 （1.0分）	1.干净	0.5		
	2.指甲修剪整齐，不涂有色指甲油	0.5		
服装 （1.5分）	1.符合岗位要求，整齐干净	0.5		
	2.无破损、无丢扣	0.5		
	3.熨烫挺括	0.5		
鞋 （1.0分）	1.符合岗位要求的黑颜色皮鞋（中式铺床选手可为布鞋）	0.5		
	2.干净，擦拭光亮、无破损	0.5		
袜子 （1.0分）	1.男深色、女浅色	0.5		
	2.干净、无褶皱、无破损	0.5		
首饰及徽章（0.5分）	选手号牌佩戴规范，不佩戴过于醒目的饰物	0.5		
总体印象 （3.0分）	1.走姿自然，大方，优雅	0.5		
	2.站姿自然，大方，优雅	0.5		
	3.手势自然，大方，优雅	0.5		
	4.蹲姿自然，大方，优雅	0.5		
	5.礼貌：注重礼节礼貌，面带微笑	1.0		
合计		10		

餐饮专业理论评分标准（8分）									
项目	分值	答案要点	清楚流利	反应敏捷	语音音调	标准时间	实际用时	扣分合计	得分合计
简答、问答	8	2	2	2	2	1.5分钟			
合计（满分8分）									
餐饮英语问答评分标准（8分）									
项目	分值	语法词汇	反应敏捷	语音音调	语境应变	标准时间	实际用时	扣分合计	得分合计
情景对话	8	2	2	2	2	1.5分钟			
合计（满分8分）									

总分合计100分	摆台操作74分	礼仪展示10分	专业理论8分	英语问答8分	得分总计

二、技能训练

1.实训内容安排

序号	技能名称	实训内容及要求	课时安排
1	中餐宴会主题摆台技能大赛（对标省赛）	分组定时训练	1课时
		评选出省赛基本达标者	
2	中餐宴会主题摆台技能大赛（对标国赛）	分组定时训练	1课时
		评选出国赛基本达标者	

技能训练

2.实训步骤

（1）各小组每名学生通过抽签确定一个宴会主题；

（2）每人完成自己的主题宴会摆台构思和方案；

（3）小组成员根据确定的方案练习完整的摆台；

（4）教师根据每组的完成情况作出相应的评价；

（5）清理现场，保持环境清洁，使用工具分组归类。

任务拓展

组织学生认真学习世界餐饮服务技能大赛的赛程规则与评分标准。

企业建议

1.把握细节，对接标准，了解差距与不足。

2.着重基础能力提高，培养创新能力。

3.融入时代，突出主题，协调主题与细节。

注意事项

中餐宴会主题摆台技能训练注意事项

1.小组每名学生都要参与，体现小组共同协作的团队精神。

2.在整个操作过程中注意动作的规范以及操作技巧，同时注意操作安全。

3.中餐宴会摆台均涉及玻璃器皿，在组织训练时，应严格要求学生按玻璃器皿操作的规范和要点进行。

4.对标省赛、国赛的高标准、严要求，严格把控细节；为提高训练频率，组织好轮训中的撤台组织工作。

5.完成后小组学生必须根据作品展现的效果，同学之间相互评价与自我评价。

知识强化

根据本节知识完成以下测试题。

1.铺设台布时，可采用抖铺式、推拉式或撒网式铺设装饰布、台布。（　　　）

2.斟倒酒水时，斟倒白酒应5分满，红葡萄酒应8分满，斟量均等。（　　　）

3.在中餐宴会摆台中，拉椅从主人位开始，座位中心与餐碟中心对齐，餐椅之间距离均等，餐椅座面边缘距台布下垂部分1厘米。（　　　）

评价反馈

（参考比赛评分细则）

参考省赛（1）国赛（2）评分细则表

任务2　旅游一类对口升学餐饮服务技能

任务导入

技能的重要性

根据四川省2023年版考纲规定，从2024年起旅游服务类的考生会在6月份参加全省统一举办的职业技能高考。相比往年，改革后的技能高考采取笔试，考试的题型是根据所提供的图片在答题纸上写出错误的技能点并写出正确服务的方法。刚上高三的小李正在认真准备明年的技能高考，专业理论知识她已经掌握得较好，但是在专业技能方面对新的考试形式还有所欠缺。中餐宴会摆台、客人迎送服务、点菜服务、酒水服务、上菜分菜服务、送客、清理恢复台面等技能考点的服务流程和标准她还不能准确作答，还需要加油学习和巩固。所以，在最后不到一年的时间里，小李每天和同学们坚持对餐饮服务六大技能考点知识的强化学习，同时不断进行六大考点不同题目的巩固训练。经过不懈努力，小李在2024年的技能高考中技能操作部分取得了140分的优异成绩（满分150分），升入了理想的大学。

分析：专业技能考试在高考中分值高、比重大，对考生来说尤为重要。通过专业的训练，一定能取得较好成绩。

任务探究

该职业技能考试是中等职业学校旅游类专业毕业生参加普通高校对口招生的选拔性全省统一考试。旅游类技能考试主要包括专业知识（应知）考试和技能操作（应会）考试两个部分，统一采用纸笔考试形式，考试时长150分钟，考试总分350分。其中，专业知识（应知）考试部分分值200分，技能操作（应会）部分分值150分。在技能操作（应会）部分，旅游服务技能考试项目75分，酒店服务技能考试项目75分。酒店服务技能考试项目考试内容为中餐宴会服务、前厅服务操作技能及流程正误辨别，考生根据图片及文字表述在答题纸上列出错误技能点并写出正确服务的方法。

任务要求

1.对标对口升学考纲要求。
2.对标单招考试职业技术理论知识要求。

建议课时

2课时（实际训练时间根据需要而定，建议实操训练16课时）。

任务准备

1.全班3~5人一组，每组指派一名学生作为组长负责。

2.以小组的形式完成中餐宴会服务、前厅服务操作技能及流程正误辨别，学生根据图片及文字表述在答题纸上列出错误技能点并写出正确服务的方法。

任务实施

一、知识呈现

1.中餐宴会服务

【典例精析】根据所提供的图片（图4-3）和内容，在答题卡上列出错误技能并写出正确服务方法。（38分）

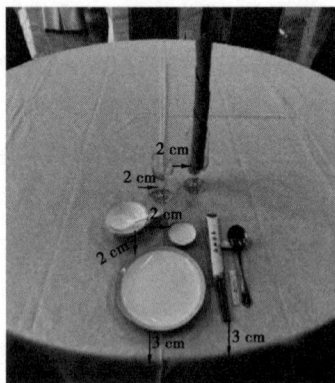

图 4-3

【解析】（1）水杯与白酒杯摆放位置错误。（2分）正确的是白酒杯摆在红酒杯的右侧，水杯位于红酒杯左侧。（2分）

（2）餐巾花类型错误，（1分）落杯距离有误。（1分）正确的餐巾花是折杯花（1分），且底部落杯不超过2/3处。（1分）

（3）三杯杯肚之间的距离有误。（2分）正确的是三杯杯肚之间间隔1 cm。（2分）

（4）三杯未放置在一条中心线上。（2分）正确的是三杯杯底中点连线成一直线。（2分）

（5）汤勺摆放位置有误。（2分）正确的是汤勺置于汤碗中，勺把朝左。（2分）

（6）汤碗与骨碟距离有误。（2分）正确的是汤碗摆放在骨碟左上方1 cm处。（2分）

（7）汤碗与味碟距离有误。（2分）正确的是味碟摆放在餐碟右上方，与汤碗间距1 cm。（2分）

（8）筷子与长柄勺摆放位置有误。（2分）正确的是长柄勺摆放在筷架左侧，筷子摆放在筷架右侧。（2分）

（9）骨碟到桌边距离有误。（1分）正确的是骨碟边沿距桌边1.5 cm。（2分）

（10）筷子到桌边距离有误。（1分）正确的是筷尾的右下角距桌沿1.5 cm。（2分）

2.前厅服务

【典例精析】根据所提供的图片和内容,在答题卡上列出错误技能点并写出正确的服务方法。(37分)

图4-4 图4-5 图4-6

【解析】图4-4:迎宾员站位(2分)和护顶姿势错误(2分)。正确的做法是为宾客提供护顶服务,趋前开启车门,用左手拉开车门约70°(2分),右手挡在车门上沿(2分),为宾客护顶,防止宾客碰伤头部(2分),并协助宾客下车。

图4-5:迎宾员站位(2分)和引领手势(2分)错误。正确的做法是引领宾客应走在宾客左前方1~2米的距离(3分),遇到台阶或转弯处需回头提醒宾客(3分),指引时应用左手指示前方(4分)。

图4-6:行李员先进电梯是错误的(2分)。正确的做法是行李员应主动叫梯,请客人先进电梯(在客人进出电梯时,行李员应有护梯动作)(4分),将行李拿入电梯中(2分),连同行李站在电梯的右侧(2分),并按电梯钮,键入楼层号,电梯行至楼层时,请客人先走出电梯(3分)。

二、技能训练

1.实训内容安排

技能考试项目	技能考试要求	课时安排
中餐宴会服务	能够熟练完成点菜服务	4
	能够根据宾客需求提供酒水服务	4
	能够正确为宾客提供上菜、分菜服务	4
	能够熟练完成送客、清理、恢复台面工作	4
	能够熟练掌握中餐宴会摆台技能	4
	能够正确进行宾客迎送服务	4
前厅服务	能够熟练完成客房预订服务	4
	能够正确完成前厅礼宾服务	4
	能够熟练完成宾客问询服务	4
	能够正确完成宾客(含团队、散客)入住接待服务	4
	能够准确分析宾客需求并推荐客房类型	4
	能够正确处理前厅突发事件	4

2.实训步骤

（1）各小组每名学生通过抽签确定一个技能展示图片。

（2）小组成员根据图片完成技能及流程正误辨别，根据图片及文字表述在答题纸上列出错误技能点并写出正确服务的方法。

（3）教师根据每组的完成情况作出相应评价。

任务拓展

每月开展一次应会技能考试，参考考纲要求评分。

企业建议

1.中餐宴会服务、前厅服务操作技能及流程要符合真实岗位情形。

2.错误技能点以及正确服务的方法要参考工作实际情形。

注意事项

对口升学酒店服务技能训练注意事项

1.学生需要掌握中餐宴会服务和前厅服务的标准流程。

2.考试细节不能忽视，比如审题要仔细，图片中的错误可能不止一个，要全面分析。

3.答题时语言要规范，使用专业术语，条理清晰，分点作答。

4.注意资源整合，比如教材中的流程图、评分标准，历年真题的分析，以及行业动态的更新，确保训练内容与时俱进。

知识强化

1.简述散客行李服务程序与标准。

2.简述团队客人入住登记办理手续的服务程序与标准。

评价反馈

对口升学餐饮服务技能考试能力评价表

姓名：_____　时间：_____年___月___日

技能考试项目	技能考试要求	满分	小组评价	自我评价
中餐宴会服务	能够熟练完成点菜服务	38分		
	能够根据宾客需求提供酒水服务	38分		
	能够正确为宾客提供上菜、分菜服务	38分		
	能够熟练完成送客、清理、恢复台面工作	38分		
	能够正确进行宾客迎送服务	38分		
前厅服务	能够熟练完成客房预订服务	37分		
	能够正确完成前厅礼宾服务	37分		
	能够熟练完成宾客问询服务	37分		
	能够正确完成宾客（含团队、散客）入住接待服务	37分		
	能够准确分析宾客需求并推荐客房类型	37分		
	能够正确处理前厅突发事件	37分		
最后得分（小组评分×70%+自我评价×30%）： （"中餐宴会服务"和"前厅服务"各考核技能均任选其一）				
评语：				

注：满分为75分，参照四川省旅游类对口升学（应会）酒店服务技能占比。

任务3　餐饮服务管理技能鉴定等级考试（1+X）

任务导入

酒店的敲门砖

刚从学校毕业的小王去某家星级酒店应聘餐厅服务员,她在学校无论理论知识还是实际操作水平都较好。在面试时,经理询问她有没有拿到"餐厅服务管理等级证书",她摇了摇头。经理告诉小王,资格证书是每一位服务员都应该取得的上岗证书,希望她能拿到技能等级证书。小王经过努力,顺利取得了初级餐厅服务员资格证书,并进入了星级酒店。

分析:在各行各业中,持证上岗是门槛,酒店服务业也不例外。同学们应该努力学习专业知识与 技能,考取相应证书,对今后顺利走上工作岗位有很大帮助。

任务探究

在餐厅服务中,中餐摆台尤为重要,考核中餐摆台服务技能是通过等级考核来判定,根据考核等级的不同分为初级、中级、高级,等级的不同决定了考核内容的不同。学习相关考核范围及内容,以便进行有针对性的学习与训练,参加等级证书考核。

任务要求

1.达到餐厅服务初级考试要求。

2.达到餐厅服务中级考试要求。

建议课时

2课时。

任务准备

1.全班3~5人一组,每组指派一名学生作为组长负责。

2.事先给每组学生准备对应等级考试的用品和场景布置。

3.以小组的形式,按等级考核标准,个人独立完成完整的操作。

4.每组同学根据完成情况,给出对应的等级评价。

任务实施

一、知识呈现

知识呈现

1.餐饮服务职业技能等级描述

根据经营工作实际需要，对餐饮服务管理岗位进行分级，是餐饮服务管理的客观需求。

图4-7

通常按照餐饮服务管理工作职能最多可分为初、中、高三个层级的管理岗位。

层次	岗位	职责
1.餐饮服务初级管理人员	餐饮服务组长、领班等岗位人员	主要负责餐饮服务班组管理工作
2.餐饮服务中级管理人员	餐饮主管、部长、厅面经理等岗位人员	主要负责餐饮工作单元组织或职能组织相关各班组统筹管理工作
3.餐饮服务高级管理人员	餐饮总监、餐饮部经理、酒楼经理、饭店餐饮服务经理等岗位人员	主要负责餐饮机构组织的全面业务管理工作

2.餐饮服务职业技能等级要求

餐饮服务管理职业技能等级分为三个等级：初级、中级、高级，各级依次递进，高级别涵盖低级别要求。

记一记

层次	服务岗位	岗位要求
餐饮服务管理（初级）	面向餐厅及相关经营区域的管理与服务岗位	掌握餐饮服务的食品卫生和公共场所安全等知识，能够按照标准规范完成零点接待、宴会和自助餐接待等对客接待服务任务并完成相应的专项操作，完成简单的客服管理，正确盘点餐厅的资产和销售产品，配合上级管理者开展相关预算及成本管理任务，为中级、高级"餐饮服务管理"提供全面的信息支持。
餐饮服务管理（中级）	面向餐厅及相关经营区域的管理与服务岗位	能够设计餐厅的环境并保持整洁干净，处理投诉和分析顾客就餐心理，科学合理安排员工班次并对员工开展岗位技能培训，掌握侍酒、茶艺和咖啡服务标准，通过盘点餐厅专项设备的日常使用情况并根据申购周期编制申购单，从而使运营工作能够正常运行。
餐饮服务管理（高级）	面向餐厅及相关经营区域的管理与服务岗位	能够按照规范流程与标准完成组织管理工作，科学进行餐饮各种预案制订，完成相关服务设计工作，完成有关文件编制工作，掌握实施服务质量管理、科学开展经营核算的能力。

二、技能训练

1.实训内容安排

序号	技能名称	实训内容及要求	课时安排
1	职业形象展示	分组定时训练	1课时
		参考技能等级考试要求	
2	餐饮服务职业技能等级测试（初级以8人桌宴会摆台为例）	分组定时训练	1课时
		参考技能等级考试要求	

技能训练

2.实训步骤

（1）各组每位学生整理好自己的仪容仪表；

（2）每人完成与自己相关的等级考核实训准备；

（3）小组成员根据抽签顺序逐一展示；

（4）教师根据每人的完成情况进行相应的评价；

（5）清理现场，保持环境清洁，使用工具分组归类。

任务拓展

对标"1+X"等级考试实景模拟考试，参考标准对标细则评分定级。

企业建议

1.职业形象展示要符合仪容仪表和礼仪要求。

2.主动对接新的行业规范，适应新时代要求。

注意事项

> 餐饮服务管理技能鉴定等级考试实训注意事项
> 1.每名学生都要参与，体现对职业岗位的尊重。
> 2.在整个操作过程中注意动作的规范以及操作技巧，同时注意操作安全。
> 3.等级考试过程中涉及玻璃器皿，在组织训练时，应严格要求学生按玻璃器皿操作的规范和要点进行。
> 4.对标"1+X"等级考试的高标准、严要求，注意把控细节；为提高训练频率，要组织好轮训中的撤台组织工作。
> 5.完成后小组学生必须根据自己的成绩进行同伴互评与自我评价。

知识强化

根据本节知识完成以下测试题。

1.良好的着装和精神面貌，会使顾客对服务员产生（　　　）。

　　A.安全感　　　　　B.尊重感　　　　　　　C.信任感　　　　　　　D.高贵感

2.为顾客提供高质量的餐饮服务是（　　　）的职责。

　　A.经理　　　　　　B.公司　　　　　　　　C.领班　　　　　　　　D.服务员

3.餐饮服务管理职业技能等级分为三个等级。（　　　）

评价反馈

餐饮服务管理职业技能等级要求（初级）及"1+X"等级考试评分表

评价反馈

项目小结

　　本项目设计突出实践能力的培养,注重与学生的互动性、合作性,到企业实地参观学习是在仿真环境下改革人才培养模式,力求在"真实情境"下实施实训课程的教学,让学生与岗位"零距离"接触。宴会的主题插花、场景布置以及餐巾折花主题设计三个任务都是紧紧围绕主题宴会进行分步学习与实景实训,通过提升学习让学生进一步加深对饭店服务的理解与自我岗位能力的加强。服务员需要掌握中餐主题宴会的相关设计与操作能力,以便更好地为客人提供更优质的服务。

知识链接:(双语)

宴会场景设计

　　1.宴会场景设计,是对宴会举办场地进行选择和利用,并对内部环境进行艺术加工和布置的创作。场景设计的基本要求:一是要充分利用自然资源,善于借景;二是要科学优化宴会布局,研究台型、餐桌、间距、席位等基本要素,做到突出主桌、主位,松紧适宜,方便顾客进餐和窜位敬酒,便于服务员穿行服务;三是注重营造环境氛围,创造宴会的意境;四是讲究场景整体协调。

　　2.宴会台面设计,是根据宴会主题对宴会台面用品进行合理搭配、布置和装饰,从而形成一个完美台面组合形式的艺术创作。

　　3.宴会菜单设计,即对宴会菜肴、菜名及菜单表现形式的安排与策划。总的要求是要诠释宴会主题,增强客户的记忆。

　　4.宴会服务设计,即对服务规范、服务方式、服务表演的策划。服务设计必须达到规范性、针对性、系统性、情感性、艺术性、灵活性的基本要求。

　　5.音乐与活动设计,席间活动可以是文艺表演,也可以安排自娱自乐。

　　6.应急预案设计,对可能发生的突发事件进行预估,并确定相关责任及处理程序与方法。必要时,还可以进行实地演练。

Banquet design

　　1.Banquet design contains selection and utilization of the banquet venue, and the artistic processing and layout of the internal environment. The basic requirements of the scene design are: first, make full use of natural resources; second, scientifically optimize the banquet layout, study the basic elements such as table type, dining table, spacing, seats, etc. aiming to highlight the main table, the main seat. Make sure the space is proper, which is convenient for customers to toast, and it is convenient for waiters to pass through services; the third is to pay attention to the creation of the atmosphere to create the artistic conception of the banquet; the fourth is to pay attention to the overall coordination of the scene.

2. Banquet table design refers to the match, arrange ment and decoration of the banquet table supplies according to the theme of the banquet, so as to form an artistic creation in the form of a perfect table combination.

3. Banquet menu design, that is, the arrangement and planning of banquet dishes, dish names and menu expressions. The general requirement was to interpret the theme of the banquet and enhance the customers' impression.

4. Banquet service design, that is, the planning of service specifications, service methods, and service performances. Service design must be normative, targeted, systematic, emotional, artistic and flexible.

5. Music and event design. The event can be a literary performance, or it can be arranged for self-entertainment.

6. Emergency plan design predicts possible emergencies, and determins relevant responsibilities and handling procedures and methods. Field exercises can also be conducted if necessary.

好书推荐

《主动成功：主动积极迈向成功的自修书》

该书系周志轩主编的一本培养个人主动心态和自修方法的著作，系统介绍了一整套简单易学的自我培训技巧。该书语言简约平实且引人入胜，案例生动丰富，配有幽默的漫画插图，使阅读、学习更为轻松，是不可多得的实用自学书。成功是一种客观现象，是有其内在规律、可供实证研究的，当然也是可以主动追求的。一个人能否成功的因素很多，但决定性的还是是否具有"主动"的心态，在没有人要求、强迫的情况下能否出色地做好自己。